AF251548

IDEAS PRÁCTICAS

PARA

LA COCINA Y LA MESA

Técnicas, Consejos
Recetas y Trucos

IDEAS
PRÁCTICAS
PARA
LA COCINA
Y LA MESA

Técnicas, Consejos
Recetas y Trucos

**Le ofrece de forma clara,
sencilla y precisa la información
más fiable y eficaz para conocer
y dominar todo lo relacionado
con el arte de cocinar los alimentos
y presentarlos en la mesa**

Es una obra de

GRUPO OCEANO

EQUIPO EDITORIAL

Dirección
Carlos Gispert

Dirección de Contenidos
José A. Vidal

Dirección Ejecutiva de Ediciones
Julia Millán

* * *

Dirección del proyecto: Itos Vázquez

Coordinación editorial: Pilar Casado

Desarrollo editorial: Teresa Iniesta

Redacción: Leticia de la Parte, Malena Val

Archivo imagen: Gloria Ortiz

Diseño y maquetación: Gregori Miana,
Lili Mínguez, Esther Mosteiro

Diseño exterior: Andreu Gustà

Fotografía: Carlos de Miguel,
Fernando Ramajo

Cocina y estilismo: Itos Vázquez

Dibujos: Fernando Doblas

Preimpresión: Guillermo Mainer

EQUIPO DE PRODUCCIÓN

Dirección
José Gay

© MMIV EDITORIAL OCEANO
Milanesat, 21-23
EDIFICIO OCEANO
08017 Barcelona (España)
Tel. 34 932 802 020*
Fax 34 932 041 073
www.oceano.com

IMPRESO EN U.S.A. - PRINTED IN U.S.A.

ISBN: 84-494-2782-7

PRESENTACIÓN

Desde épocas remotas, en nuestra área geográfica o en los puntos más distantes del planeta, la cocina y la mesa han constituido uno de los principales ejes alrededor del cual se ha desarrollado tanto la vida cotidiana como las celebraciones y acontecimientos extraordinarios. En la actualidad esto no ha cambiado, y, sin embargo, en función del ritmo apresurado que han adoptado nuestras sociedades, nos hemos visto obligados a dosificar el tiempo de dedicación a la cocina. Estas exigencias han tenido como consecuencia, en muchos casos, la readaptación del espacio y de los utensilios utilizados para elaborar los platos tradicionales autóctonos junto con otros de origen foráneo, o la necesidad de planificar la compra y de seleccionar los alimentos para su óptima conservación.

En este sentido, esta es una obra novedosa que responde a estos nuevos requerimientos al ofrecer la más amplia información práctica para realizar con éxito todas las tareas propias del ámbito culinario y su entorno. En ella se hace un completo repaso a técnicas culinarias básicas y sus aplicaciones; a las técnicas de congelación y conservación de los más variados alimentos y guisos, o a cómo obtener el máximo rendimiento del microondas. También se incluyen detalladas relaciones de hierbas, especias y otros condimentos, y la más variada gama de salsas; técnicas de decoración de platos y postres; consejos útiles y recetas para el aprovechamiento de restos, y un apartado dedicado a conocer las bebidas, desde el vino y los jugos a los más sofisticados cócteles. Toda esta información, aderezada con numerosos trucos e ideas, y acompañada, cuando es necesario, de apetitosas recetas, se presenta de manera clara y sencilla, para que pueda ser rápidamente asimilada tanto por quienes deseen aprender todo lo que se debe saber acerca de la cocina y la mesa como por aquellas personas que busquen mejorar o perfeccionar lo que ya sabían.

LOS EDITORES

SUMARIO

SUMARIO

Técnicas de cocina

Introducción

Muchas personas consideran la cocina un arte en el que la creatividad y el ingenio juegan un papel muy importante. Para desarrollar con éxito este arte es necesario conocer sus técnicas específicas, imprescindibles para preparar correctamente un plato. En esta sección se explican paso a paso, y con la ayuda de numerosas ilustraciones, las distintas técnicas para facilitar la labor a todos aquellos que no tengan un conocimiento profundo de las mismas. También se incluye un glosario de palabras comúnmente utilizadas en cocina, cuyo desconocimiento en este contexto nos puede inducir a error.

TÉCNICAS BÁSICAS DE COCINA

MASAS

Las masas son fundamentales en la cocina diaria y base principal de muchas comidas como tortillas, pizzas, empanadas, panes o repostería. A continuación daremos algunos ejemplos.

MASA PARA EMPANADAS
(12 UNIDADES)

6 cucharadas de leche
1 cucharadita de polvo de hornear
1 cucharada de mantequilla
1 1/4 tazas de harina
1 huevo
Sal

1 Poner en un recipiente la leche junto con 6 cucharadas de agua, el polvo de hornear, la mantequilla y un poco de sal. Mezclar bien, verter en una olla pequeña y calentar a fuego lento.

2 Verter la harina en un recipiente, darle forma de volcán, poner el huevo en el centro y la mezcla anteriormente preparada y amasar bien.

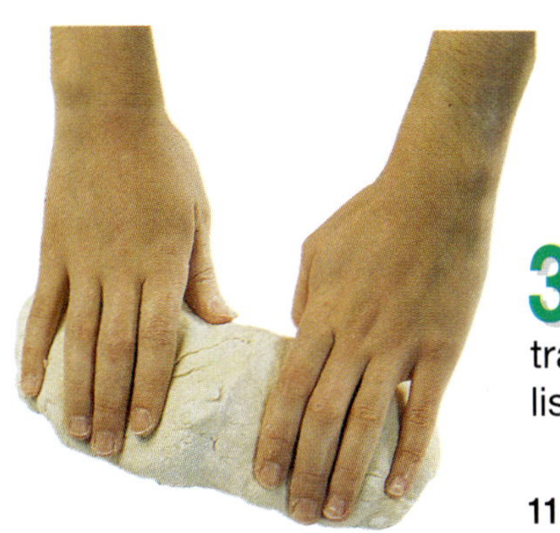

Un delicioso relleno para empanada es una mezcla de jamón, queso, manzana y piña, molidos.

3 Dejar leudar la masa durante 2 o 3 horas, tapada con un paño, antes de trabajarla y extenderla sobre una superficie lisa para formar las empanadas.

Masa para pizza
(1 grande)

4 tazas de harina
1 cucharadita de polvo de hornear
1 vaso de agua
2 cucharadas de aceite
Sal

1 Mezclar una taza de harina con el polvo de hornear y la mitad del agua y amasar bien. Poner en un plato enharinado y dejar reposar, tapada, en un lugar templado 30 minutos.

2 Poner la harina restante sobre una superficie lisa, colocar en el centro la masa con el polvo de hornear y una pizca de sal y amasar añadiendo, poco a poco, el medio vaso de agua tibia restante, de manera que obtenga una masa suave y consistente.

3 Trabajar la masa con las manos unos 10 minutos y dejarla reposar tapada durante 2 horas. Agregar el aceite y trabajar de nuevo hasta que esté bien incorporado.

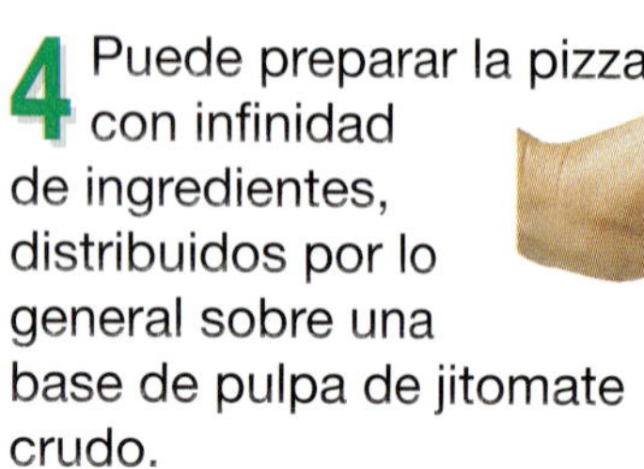

4 Puede preparar la pizza con infinidad de ingredientes, distribuidos por lo general sobre una base de pulpa de jitomate crudo.

TORTA BÁSICA

4 huevos
1 taza de mantequilla
2 tazas de azúcar
2 tazas de harina
Una pizca de polvo de hornear
Mantequilla y harina para
 el molde
Azúcar pulverizada

1 Separar las claras de las yemas. Batir las yemas con el azúcar hasta que estén espumosas, agregar la mantequilla blanda y continuar batiendo. Incorporar la harina mezclada con el polvo de hornear.

2 Batir las claras a punto de nieve e incorporarlas a la crema anterior, realizando movimientos envolventes con una cuchara de madera para que no se bajen.

3 Verter en un molde bien engrasado con mantequilla y espolvoreado con harina, teniendo cuidado de llenarlo sólo hasta la mitad. Introducir en el horno, precalentado a 180 °C (350 °F), durante 40-45 minutos. Dejar enfriar ligeramente, desmoldar y espolvorear con azúcar pulverizada.

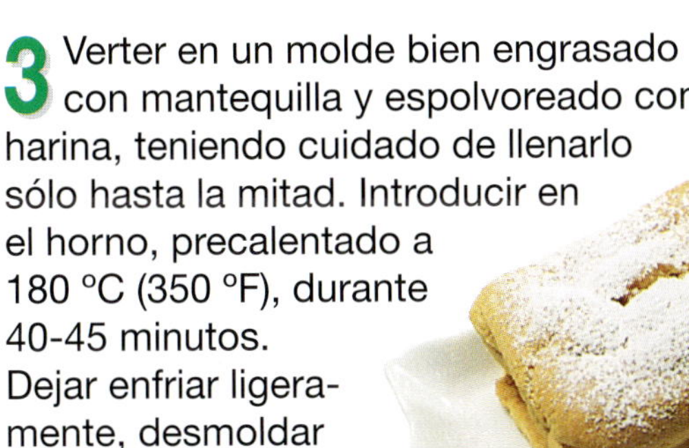

Masa para pie (pay)
(Pasta azucarada)

2 tazas de harina
5 cucharadas de mantequilla
2 yemas de huevo
Una pizca de azúcar
Una pizca de sal

1 Pasar la harina por un tamiz dejándola caer sobre un recipiente; poner en el centro la mantequilla cortada en trocitos.

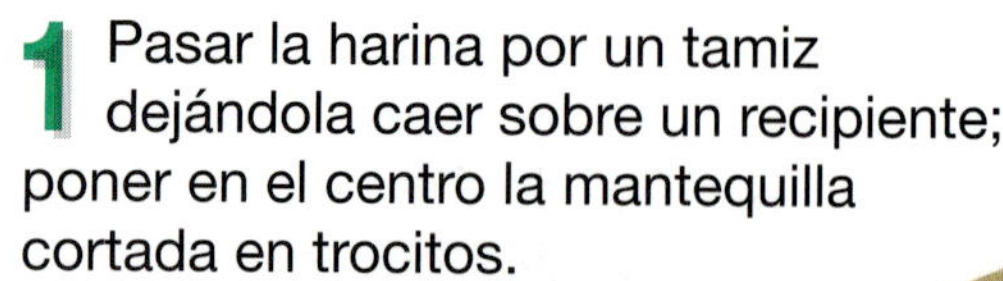

2 Añadir las yemas, el azúcar, la sal y 3 o 4 cucharadas de agua fría. Trabajar los ingredientes con la punta de los dedos, empezando a recoger la harina de los bordes hacia el centro y amasando ligeramente.

3 Debe conseguir una masa más bien blanda pero sin que se pegue a los dedos. Tapar con un paño y dejar reposar en un lugar frío durante 30 minutos antes de su utilización para formar la base de tartaletas y pies.

CALDOS Y FONDOS

Los caldos y fondos son los líquidos resultantes de cocinar carnes, aves o pescados con o sin verduras, o de cocinar las verduras solas. Se utilizan para hacer sopas y salsas, o para cocinar en ellos otros alimentos en lugar de utilizar agua.

FONDO DE CARNE

PASO 1

Dorar la carne, huesos y verduras en aceite o mantequilla. Cubrir todo con agua, cocinar y sazonar al final. Se obtiene un líquido espeso y oscuro que servirá para hacer salsas, agregar a los asados o estofados, etc.

PASO 2

Una vez frío y colado el fondo, se puede verter en una bandeja para cubitos de hielo que, una vez sólido, se puede almacenar en una bolsa de plástico y conservar congelado para su posterior utilización en otros preparados.

Técnicas de cocina

CALDO DE PESCADO

PASO 1

Poner en una olla cabezas y espinas de pescado. Agregar cebollas, perejil y laurel (zanahorias, poros y ajos, opcional). Sazonar y cubrir con agua.

PASO 2

Añadir un vaso de vino blanco y cocinar una hora, colarlo y reservarlo. Este caldo puede utilizarse para cocinar pescados o preparar sopas de mariscos o pescado.

CALDOS DE CARNE Y VERDURAS

Los caldos de carne se preparan igual que los fondos, pero sin dorar los ingredientes. Los de verdura son cocimientos de verduras únicamente. Sirven para elaborar sabrosas sopas, arroces, etc.

MÉTODOS DE COCCIÓN

HERVIR

Introducir un alimento en abundante líquido y mantenerlo al fuego el tiempo necesario según cada caso.

◆ Se utiliza agua fría para hervir frijoles, lentejas, pescados enteros, huesos y carnes para caldos, tubérculos y frutas secas para preparar compotas. Las lentejas, frijoles y otras legumbres se sazonan cuando estén blandas.

◆ En caldo se hierven algunos alimentos para que queden más sabrosos, como arroces, pescados, pastas y aves.

◆ En vino se pueden hervir también carnes, aves, frutas, etc.

◆ En leche se pueden hervir carnes, pescados y arroces.

◆ En agua hirviendo con sal se cocinan garbanzos, verduras, pastas, carnes y pescados en rodajas o filetes.

BLANQUEAR

Consiste en cocer unos minutos un alimento en agua hirviendo para ablandar, decolorar o facilitar el pelado.

◆ Se pueden blanquear carnes, pescados y verduras.

◆ Una vez blanqueado el alimento, se termina su preparación con cualquier otro método de cocción.

Técnicas de cocina

Baño María

Consiste en colocar el alimento escogido en un recipiente y éste dentro de otro más grande lleno hasta la mitad de agua.

- Se utiliza sobre todo para alimentos en cuya preparación entran huevos, que no se deben cocinar a temperaturas altas, pues se cuajarían antes que el resto de los ingredientes, con lo que la preparación no quedaría homogénea.

- Las preparaciones más frecuentes son flanes, budines, pasteles de verdura, etc.

- También se usa para recalentar *soufflés*, tortas y arroces.

Freír

Es el método de cocinar un alimento dorándolo en aceite u otra grasa durante el tiempo necesario y a la temperatura adecuada.

- Los alimentos que con mayor frecuencia se fríen en abundante aceite, manteca de puerco, o mantequilla son verduras, filetes de carne o pescado, aborrajados o apanados, papas, plátanos, huevos, etc.

- La grasa ha de calentarse mucho y el punto indicado para freír es cuando comienza a humear.

- Para dorar en poca cantidad de grasa, la sartén o plancha deberá estar a una temperatura muy elevada para que el alimento no se pegue al fondo. Este proceso es muy indicado para filetes de carne que no estén ni apanados ni aborrajados.

- Para preparar carne de esta manera no deberá salarse hasta después de estar dorada, ya que de lo contrario quedaría más seca. Al dorar la carne no se debe pinchar nunca, ni siquiera para darle la vuelta, pues perdería parte del jugo.

ASAR

Existen varios métodos para asar los alimentos. Los principales son: en el horno, al fuego o a la parrilla.

◆ Para asar dentro del horno se deberá preparar la pieza adecuadamente, envolviéndola en tocineta o atándola. A veces también es necesario untarla con grasa y otras envolverla en papel de aluminio y, a continuación, introducir en el horno precalentado. Esta manera de asar es especialmente indicada para aves, carnes tiernas y jugosas y pescados.

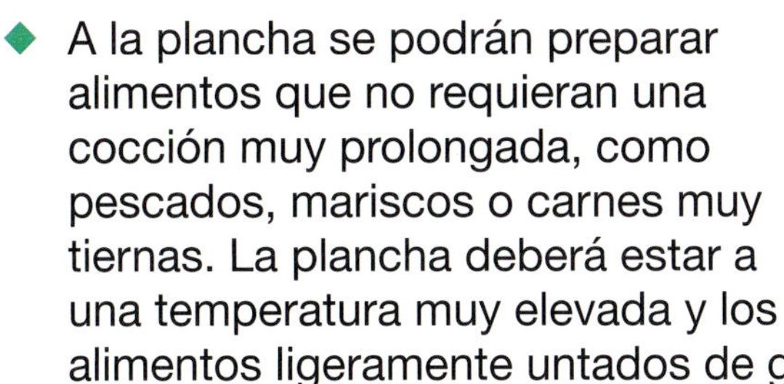

◆ Para asar al fuego, dorar primero la pieza y, a continuación, añadir algunas verduras como cebollas, ajos, zanahorias, etc. Cuando esté todo dorado, agregar caldo, agua o vino y cocinar a fuego lento, con el recipiente tapado, hasta que el alimento quede tierno y jugoso.

◆ A la plancha se podrán preparar alimentos que no requieran una cocción muy prolongada, como pescados, mariscos o carnes muy tiernas. La plancha deberá estar a una temperatura muy elevada y los alimentos ligeramente untados de grasa.

CÓMO CORTAR LOS ALIMENTOS

Cortar o trinchar es una de las artes más espectaculares de la mesa o de la cocina si se hace adecuadamente, para lo cual hay que tener unas nociones precisas y unos cuchillos apropiados y bien afilados.

CARNES

Deben cortarse siempre en sentido perpendicular a las fibras.

VERDURAS

Dependiendo del uso que se les dé, pueden cortarse de diversas maneras: en trozos, en rodajas, en juliana o picadas.

◆ Para cortar en rodajas una cebolla, pelar, cortar ligeramente la parte superior y tallar a lo largo formando aros.

◆ Para picar, colocar una de las mitades en una tabla, con el corte hacia abajo, hacer las medias rodajas y después cortar en sentido contrario.

◆ Para cortar en juliana o tiritas muy finas, primero hay que formar láminas o rodajas y después cortar éstas en sentido contrario.

PESCADOS

Para quitar la espina a un pescado entero es preciso hacer una incisión por el abdomen, hasta la cola.

◆ Abrir como si fuera un libro e introducir el cuchillo por debajo de la espina central, desde la cola hacia arriba, hasta llegar a la cabeza; retirar la espina con una mano y cortarla a la altura de la cabeza.

◆ A los pescados de piel gruesa, como el róbalo, se les quita la piel con un cuchillo de lámina delgada.

◆ A los que tienen la piel delgada, como la trucha y el pargo, se les puede dejar.

AVES CRUDAS

Una vez quitados los restos de plumas, lavada y seca, cortar el ave a lo largo y a continuación dividirla en dos, en sentido contrario. Separar muslo y contramuslo juntos.

◆ Dividir los cuartos traseros y la pechuga, cortando por la parte central.

◆ Así se obtienen cuartos que después podrán cortarse en pedazos más pequeños con facilidad.

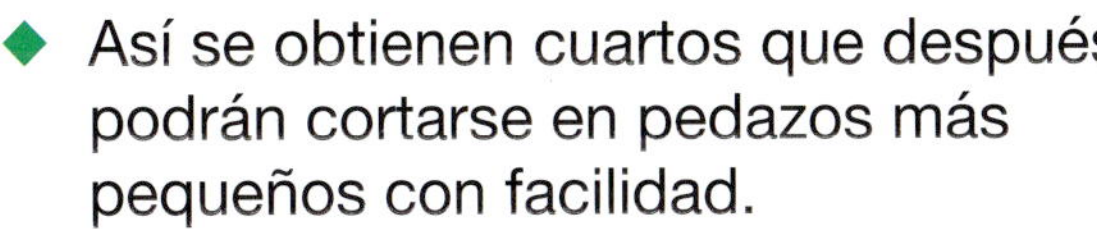

AVES ASADAS O COCINADAS ENTERAS

Se trinchan separando primero muslos y contramuslos.

◆ Para cortar la pechuga se comienza por la parte más gruesa, cortando a continuación el resto de la pechuga a lo largo de la fibra, en filetes lo más finos posible.

REBOZAR
(ABORRAJAR)

Preparación que consiste en pasar un alimento por harina, sola o preparada, o por harina y a continuación por huevo batido, antes de freírlo. Hay distintas formas de rebozar:

SÓLO CON HARINA

Pasar el alimento, especialmente pescados pequeños o en filetes, por harina antes de freírlos.

◆ Conviene sacudirlos antes de freír para evitar el exceso de harina.

◆ No deben enharinarse hasta el momento en el que se vayan a freír para que la harina no se humedezca.

HARINA CON POLVO DE HORNEAR

Poner en un recipiente la harina mezclada con el polvo de hornear, añadir agua tibia hasta obtener la consistencia deseada y revolver bien para que quede homogénea. Dejar reposar en un lugar templado 1 hora antes de su utilización.

HARINA CON CERVEZA

Poner en un recipiente la harina que se vaya a utilizar. Añadir la cerveza necesaria para que quede una pasta ligeramente espesa. Revolver bien para disolver los grumos y, si fuera necesario, pasar por un colador para que quede bien fina. Puede utilizarse para cualquier alimento.

HARINA CON LEVADURA PRENSADA (O INDUSTRIAL)

Disolver la levadura en agua tibia y echar a continuación sobre la harina, revolviendo bien. Dejar reposar en un lugar templado antes de utilizar.

HARINA Y HUEVO

Es una forma sencilla y tradicional. Una vez sazonado el alimento, se pasa por harina, a continuación por huevo batido y se fríe.

EMPANAR
(APANAR)

Este sistema generalmente consiste en pasar un alimento, como carne, pescado, fruta, etc., por huevo y miga de pan molida, antes de freírlo. Las principales variaciones son:

A LA MILANESA

Con este método hay que añadir queso parmesano molido a la miga de pan.

A LA INGLESA

Enharinar el alimento, y, a continuación, pasar por el huevo batido junto con un poco de aceite y por último por miga de pan molida.

CON HIERBAS

Elegir al gusto unas hierbas o condimentos (perejil, culantro, albahaca, cebollino, ajos, etc.). Lavarlos, secarlos bien y molerlos más o menos finos, según desee.

◆ Mezclar las hierbas o condimentos con miga de pan, revolviendo bien, pasar el alimento elegido por el huevo y, a continuación, por la miga de pan preparada.

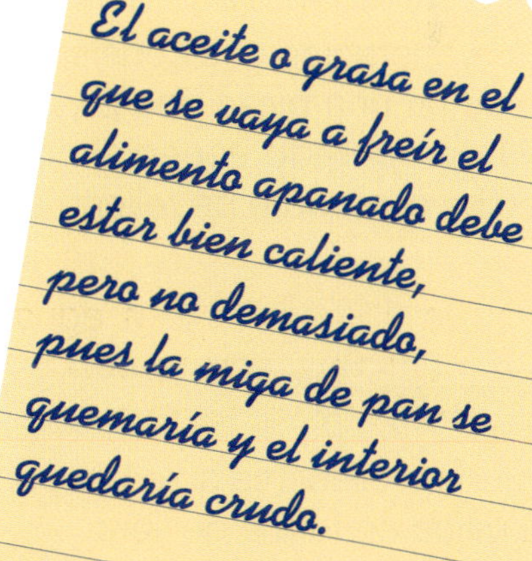

Técnicas de cocina

MECHAR

Es un método que consiste en introducir en un trozo de carne unas tiras muy finas de tocino, tocineta o jamón, y, en algunos casos, verduras y frutas, utilizando una aguja para mechar.

◆ También pueden mecharse los pescados. En este caso las incisiones pueden hacerse con cuchillo, introduciendo en los pescados unas tiras de pimiento, trozos de ajo, etc.

◆ Esta operación tiene por objeto hacer más sabroso el alimento.

◆ Para realizarla con mayor facilidad, introducir antes en el congelador los ingredientes para mechar, durante aproximadamente 1 hora.

◆ Para asar después la pieza, cuando se trate de carne, conviene atarla para que no pierda la forma durante la cocción.

RELLENAR

Es la operación que consiste en introducir en una pieza una pasta o picadillo preparado especialmente, que recibe el nombre de relleno o farsa.

PESCADOS

Pueden rellenarse abiertos por la mitad en forma de libro y con espina, o bien una vez retirada ésta. También se pueden rellenar los filetes formando un rollito con ellos.

VERDURAS

Vaciar la verdura o tubérculo que desee rellenar con ayuda de un cuchillo bien afilado o una cuchara sacabolas, teniendo cuidado de no vaciarla en exceso, dejando las paredes no demasiado finas, para evitar que se rompa.

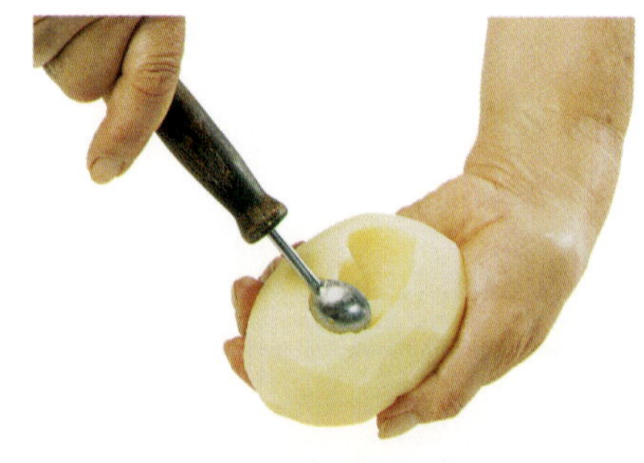

◆ Rellenar con el picadillo preparado y cocinar al horno o al fuego, en una olla tapada con bastante caldo o salsa.

AVES

Rellenar la cavidad abdominal, perfectamente limpia, con el relleno preparado.

◆ Coser con hilo de cocina la abertura por donde se introdujo el relleno para evitar que éste se salga durante la cocción.

HUEVOS

Cocinar los huevos hasta que estén duros. Pelarlos y cortarlos por la mitad. Retirar la yema y rellenarlos con un preparado hecho a base de las yemas machacadas, mezcladas con otros ingredientes elegidos.

Al rellenar un alimento recuerde llenar sólo las tres cuartas partes de su capacidad, pues el relleno crece durante la cocción y podría salirse de la pieza.

MARINAR

Este sistema consiste en aromatizar un líquido con hierbas y otros elementos y utilizarlo para preparar carnes y prácticamente todos los pescados y mariscos. Los alimentos marinados suelen consumirse sin cocinar, como por ejemplo el cebiche, entre otros.

Para preparar la marinada, moler las hierbas y hortalizas elegidas (laurel, eneldo, cebolla, perejil, culantro, estragón, etc.).
Ponerlas en un recipiente y rociarlas con aceite.
Agregar un poco de jugo de limón.

◆ Cortar en tajadas muy finas el alimento que se va a preparar, ya sea carne o pescado.

◆ Colocar las tajadas en una bandeja y rociar con la marinada preparada. Dejar reposar durante unas horas para que tome sabor.

◆ Para preparar pescados marinados debe asegurarse de que éstos estén muy frescos; para comprobar su frescura debe tener en cuenta estas condiciones:

- Que al tocarlos estén consistentes al tacto.

- Que los ojos estén brillantes y transparentes.

- Que las agallas del pescado estén bien rojas.

- Que la piel sea tersa, con las escamas firmes.

ADOBAR

El principal objeto de los adobos es aromatizar los alimentos y ablandar las fibras. Los adobos pueden ser cocidos, crudos o instantáneos, y se pueden aplicar a alimentos crudos o cocinados.

ADOBO CRUDO

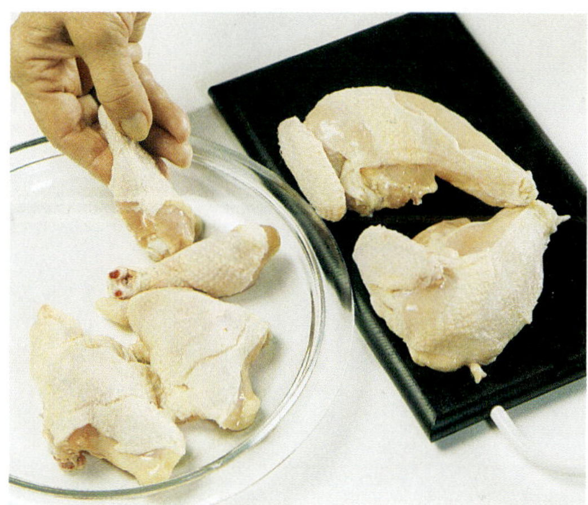

◆ Colocar el alimento crudo, ya troceado, en un recipiente hondo.

◆ Machacar en el mortero ajos, pimienta negra, sal y color, si se desea.

◆ Agregar al mortero hierbas (perejil, tomillo, culantro, etc.), rociar el majado con vino, aceite o vinagre, y mezclar bien.

◆ Cubrir el alimento con la mezcla del mortero. Por lo general se deja adobar entre 2 y 3 horas antes de cocinarlo.

ADOBO INSTANTÁNEO

Éste varía según el alimento. Se utiliza generalmente para aves, conejos, liebres y pescados.

◆ Rociar el alimento crudo con el líquido elegido. Añadir a continuación hierbas aromáticas.

◆ Dejar adobar durante unos minutos antes de cocinar.

ADOBO COCIDO

Se prepara a base de cebolla, zanahoria, hierbas aromáticas, aceite, vino y vinagre.

◆ Los distintos elementos se cocinan juntos y, una vez fríos, se vierten sobre el alimento.

◆ Se utiliza sobre todo para carnes, caza y pescados consistentes. Generalmente los alimentos se sofríen antes de aplicarles este adobo.

◆ Desde la antigüedad, ha sido uno de los métodos más usados para la conservación de alimentos.

A

Abrillantar: Dar brillo a la superficie de una preparación dulce o salada, barnizándola con gelatina, mermelada, mantequilla o almíbar; pintar una masa con huevo batido para que se dore en el horno o con gelatina líquida, una vez fría.

Abuñolar: Forma de freír los huevos de modo que queden huecos y dorados como los buñuelos.

Acaramelar: Bañar o untar un preparado con caramelo. Puede hacerse en platos tanto dulces como salados.

Aderezar: Condimentar o sazonar los alimentos. También, el acto de añadir aceite, vinagre y sal a las ensaladas. Adornar los platos para obtener una presentación más vistosa. Por ejemplo, los pasteles se aderezan con chocolate rallado o en virutas. *Sazonar o aliñar.*

Adobar: Agregar a un alimento, ya sea carne o pescado, un aliño o adobo para ablandarlo, conservarlo o darle un aroma especial. El adobo se puede hacer con aceite, vinagre, vino, hierbas aromáticas, especias, pimentón, etc.

Albardar: Envolver una pieza de carne o un ave con lonchas de tocino. También se puede utilizar en el sentido de aborrajar con harina y huevo cualquier alimento que se vaya a freír.

Aliñar: *ver Aderezar o sazonar.*

Amalgamar: Mezclar diferentes alimentos o condimentos hasta unirlos completamente.

Amasar: Trabajar o hacer una masa con las manos o con un rodillo de pastelería. Existen aparatos electrodomésticos que realizan esta operación con gran rapidez.

Aromatizar: Añadir a una preparación ingredientes como hierbas o especias, para realzar el gusto y aroma del plato.

Arreglar: Preparar un ave para su cocinado.

Arropar: Cubrir con un paño de cocina una masa que contenga levadura para facilitar su fermentación.

Asar: Cocinar un alimento al horno o en la parrilla, en seco o con grasa solamente. Sin embargo, también se utiliza para la preparación de alimentos al horno, a los que se les puede incorporar algu-na verdura o tubérculo para que se asen al mismo tiempo que el alimento principal.

Asustar: Añadir agua fría a un preparado que esté cociendo, para parar momentáneamente la ebullición.

Atiesar: Rehogar un alimento sin que llegue a tomar color.

B

Bañar: Cubrir un preparado con una crema líquida pero de consistencia espesa para que permanezca.

Baño María: Cocer una preparación en un recipiente sumergido en otro más grande con agua hirviendo, tanto al fuego como en el horno. También se utiliza para calentar algunas salsas que, de otro modo, se cortarían.

Batir: Mezclar enérgicamente con una varilla o con ayuda de la licuadora o un robot de cocina uno o varios alimentos hasta que alcancen el punto deseado (ej.: crema de leche, claras de huevo, etc.).

Blanquear: Cocer unos minutos en agua hirviendo un alimento para ablandar, quitar mal color o sabor o facilitar el pelado.

Brasear: Cocinar un alimento (normalmente carnes duras y en trozos grandes) a fuego lento, en su propio jugo o condimentado con especias, hierbas aromáticas, hortalizas, vino, etc. Se suele hacer en el horno.

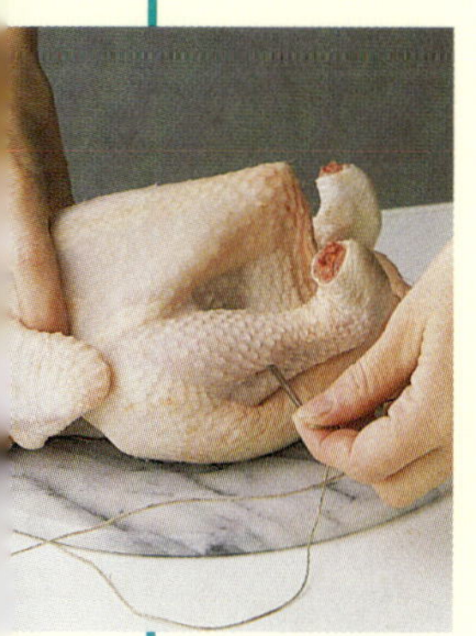

Bridar: Es la palabra que se utiliza cuando se debe atar o coser un alimento para que conserve su forma a la hora de cocinarlo. Usualmente los alimentos que se bridan son las carnes y las aves.

C

Caramelizar: Operación que consiste en bañar o repartir caramelo líquido caliente en un molde o dulce. El caramelo al enfriarse cristaliza dejando cubierto todo el preparado.

Cerner: Separar con el cedazo las partes gruesas de un alimento pulverizado. *Tamizar.*

Chamuscar: Pasar por una llama un ave para quitar restos de plumas o la piel del puerco para eliminar los pelos.

Cincelar: Consiste en hacer incisiones en el lomo de un pescado para facilitar su cocción. Generalmente estos cortes se hacen en los pescados grandes que se van a preparar al horno.

Civet: Forma de cocinar la caza en la que se utiliza la sangre del animal y vino para estofarla.

Clarificar: Dar transparencia a un caldo espumándolo durante su cocción o al final de la misma, con ayuda de clarificantes, como por ejemplo la clara de huevo.

Clavetear: Pinchar clavos de olor en una cebolla para añadir a un guiso o caldo.

Cobertura: Baño de chocolate, yema o glasa, para tortas y pasteles.

Cocer: Transformar un alimento por el calor; sumergir alimentos en agua u otro líquido hirviendo para ablandarlos y que resulten comestibles; hacer entrar en ebullición un líquido.

Cocer al vapor: Cocinar un alimento con vapor de agua, caldo o cualquier otro líquido, sin que toque el alimento: en un recipiente dentro de otro, o en hornos de vapor.

Cocer en blanco: Cocer en el horno una masa, dentro de un molde, sin aderezos, cubierta con legumbres secas para impedir que suba o se infle. Se quitan las legumbres antes de terminar la cocción.

Colar: Filtrar por un colador de malla fina o una estameña un líquido para limpiarlo de impurezas.

Colorear: Dar color a los alimentos mediante la adicción de colorantes naturales o artificiales, como por ejemplo el caramelo, el azafrán, etc. Generalmente se colorean caldos, salsas y dulces.

Condimentar: Añadir especias, hierbas, hortalizas, etc., a un ingrediente o preparado para darle sabor.

Confitar: Cocer un ingrediente generalmente cubierto de grasa (aceite de oliva) y a una temperatura muy suave hasta que se ablande pero sin que tome color. Las frutas se confitan en almíbar o en vinagre con azúcar.

Cortar a contrahilo: Es un método de corte que permite que la carne quede más tierna, pues la fibra de ésta prácticamente no encoge al cocinarla.

Cuajar: Solidificar un líquido mediante calor o frío, con gelatina o con cuajo.

D

Decocción: Líquido que se obtiene al cocer en agua diversas sustancias, animales o vegetales; el caldo, por ejemplo, es una decocción. Sin embargo, esta palabra se utiliza más frecuentemente cuando se trata de hierbas aromáticas, para distinguirla de la infusión.

Decorar: Es la forma de definir el proceso de embellecer un alimento preparado para que su presentación sea más vistosa. Pueden realizarse maravillas.

Derretir: Convertir un alimento sólido, congelado o cremoso en líquido, mediante calor.

Desalar: Es la definición que se utiliza al sumergir un alimento (bacalao, lacón) en agua fría o leche para que pierda la sal.

Desangrar: Es el término que se utiliza cuando se sumerge una carne (o pescado) en agua fría, para que pierda la sangre.

Desbullar: Abrir los ostiones y retirarlos de las valvas.

Desecar: Extraer la humedad de un producto. Puede realizarse la operación dejando el alimento expuesto al sol o en algunos casos utilizando el calor seco del horno.

Desglasar: Añadir vino o licor a una asadora para recuperar el jugo, raspando el fondo con una cuchara.

Desleír: Sinónimo de disolver. Consiste en diluir una sustancia sólida mediante un líquido, por ejemplo azúcar, maicena, etc.

Desmenuzar: Deshacer un alimento en pequeños pedazos. Se distingue de trinchar o moler en que se hace con las manos, no con un cuchillo.

Desmoldar: Retirar un preparado de un molde, manteniendo su forma.

Desollar: Quitar la piel a una res, una pieza de caza, etc.

Dorar: Freír un alimento en una grasa. Dar color a un alimento en el horno con ayuda de huevo o mantequilla.

E

Emborrachar: Generalmente se utiliza en repostería. Empapar o bañar una torta o bizcocho con almíbar y licor.

Embridar: Pasar una aguja enhebrada en bramante (hilo de cocina) entre los muslos y alas de un ave para darle forma.

Empanar: Envolver un alimento en huevo y miga de pan molido, antes de freírlo. *Apanar.*

Encamisar: Forrar las paredes de un recipiente con un alimento, por ejemplo lonchas de tocino, dejando todo el espacio central para rellenarlo con el alimento principal.

Enharinar: Pasar un alimento por harina antes de freír o rehogar.

Envejecer: Dejar reposar una carne cierto tiempo (generalmente caza), para que sus fibras se ablanden. *Mortificar.*

Escabechar: Conservar carne o pescado, previamente cocinado o frito, en una mezcla de aceite, vinagre, sal, hierbas y especias.

Escaldar: Bañar o sumergir un alimento en agua hirviendo durante unos minutos, por ejemplo jitomates, para facilitar su pelado. También se utiliza para algunas frutas. Los frascos para conservas se escaldan para limpiarlos en profundidad.

Escalfar: Cocción corta de un alimento en un líquido próximo al punto de ebullición.

Escamar: Quitar las escamas de un pescado.

Escarchar: Modo de preparar confituras de forma que queden cubiertas con azúcar cristalizada, como si fuera escarcha. También es una forma de presentar las copas de algunas bebidas, mojando primero el borde de la copa en agua o jugo de limón y poniéndolo después sobre azúcar o sal para que se adhiera. El borde de la copa quedará escarchado.

Espolvorear: Repartir un alimento en polvo o finamente molido sobre una preparación. Por ejemplo azúcar o chocolate sobre una torta, o sal y pimienta sobre una ensalada.

Espumar: Retirar las impurezas que se forman en la superficie de un guiso o caldo con la espumadera o arrastrando un pequeño colador por la superficie del guiso.

Estirar: Adelgazar una masa con el rodillo o con las manos para extenderla y dejarla con el grosor deseado.

Estofar: Cocinar una carne en su propio jugo, con hortalizas, a fuego lento y perfectamente tapada.

F

Filetear: Cortar un alimento (carne, ave, etc.) en lonchas finas y alargadas.

Flamear: Rociar un preparado con algún aguardiente rico en alcohol inflamable y prenderlo.

En algunas ocasiones también se utiliza para definir el pasar un alimento por una llama sin humo para quemar plumas o pelos. *Chamuscar.*

Freír: Introducir en una grasa caliente un alimento para que se forme una costra dorada, al cocinarlo a fuego vivo.

G

Glasear: En repostería, cubrir un preparado con una mermelada o con una preparación hecha con azúcar, agua y jugo de limón. Dorar un alimento: en el horno, con salsa o gelatina.

Gratinar: Operación que consiste en someter los alimentos a la acción de un horno vivo para que se forme en su superficie una costra dorada y crujiente. Para facilitar el proceso, generalmente se cubre la superficie con pan molido, queso, bechamel, etc.

Guarnecer: Acompañar el alimento principal con otros como verduras o tubérculos.

H

Hervir: Consiste en cocer un alimento en un líquido en ebullición. El tiempo dependerá del alimento.

J

Juliana: Forma especial de cortar las verduras y hortalizas, troceándolas en tiras finas. Usualmente, este tipo de corte se utiliza para sopas.

de la A a la Z

L

Lardear: Envolver una pieza de carne o un ave, antes de asar, en lonchas de tocino. Untar o envolver con lardo o grasa lo que se va a asar.

Leudar: Fermentar con levadura una masa.

Levar: El efecto que produce la levadura en una masa, al aumentar ésta de volumen.

Licuar: Convertir un alimento en líquido por fusión o trituración. Generalmente este proceso se hace con ayuda de una licuadora o extractora de jugos.

Ligar: Espesar un preparado con un elemento de ligazón: fécula, yemas, mantequilla, etc.

Lustrar: Espolvorear con azúcar pulverizada.

M

Macear: Golpear una pieza de carne con un mazo u otro utensilio, para ablandarla al romper sus fibras. También se utiliza el mismo sistema si se desea ablandar la carne del pulpo.

Macerar: Dejar un alimento en una mezcla de hierbas, vino, azúcar, etc., para que tome su sabor.

Machacar: Golpear la carne de res o de pulpo, con un mazo para ablandarlos. *Macear.*

Majar: Machacar o moler en el mortero, por ejemplo los ajos. Por lo general se suelen majar varios ingredientes en el mortero para que se mezclen.

Marcar: Empezar a preparar un plato.

Marchar: Empezar a cocinar un plato ya marcado.

Marinar: Poner un alimento en una mezcla de vino, hierbas aromáticas y hortalizas, para aromatizarlo, ablandarlo o conservarlo. Los alimentos marinados se consumen crudos.

Mechar: Introducir en una carne o pescado tiras de jamón o tocino (u otros ingredientes) para aportar jugosidad a la pieza.

Mojar: Humedecer un alimento con algún líquido. Por extensión, también se denomina así al proceso de añadir un líquido a un preparado para su cocción.

Moldear: Dar forma a un alimento con las manos o colocándolo dentro de un molde.

Mondar: Quitar la piel en los alimentos como frutas, tubérculos, etc.

Montar: Disponer los alimentos cocinados en una fuente como sinónimo de decorar. Batir ciertos alimentos y, en especial, la crema de leche y la clara de huevo, hasta convertirlos en una sustancia espumosa y consistente.

Mortificar: *ver **Envejecer.***

N

Napar: Cubrir una preparación con una salsa espesa, que permanezca. Sinónimo de cubrir o bañar.

de la A a la Z

Nixquear: En Honduras, preparar el maíz para las tortillas, cociéndolo con ceniza.

P

Prensar: Poner un alimento preparado dentro de un molde-prensa hasta que se enfríe o poner unos pesos encima del alimento para comprimirlo y darle forma.

Punto de nieve: Punto al que llegan las claras de huevo al batirlas hasta que adquieren consistencia y se vuelven blancas.

R

Racionar: Dividir un alimento preparado en raciones para su distribución.

Rallar: Es como se denomina el proceso de desmenuzar o moler un alimento con ayuda de un rallador, pudiendo utilizar diferentes grosores dependiendo de la posterior utilización del alimento.

Rebozar: Pasar un alimento por harina y huevo batido, antes de freírlo. *Aborrajar.*

Rectificar: Ajustar la sazón de un preparado.

Reducir: Disminuir el volumen de líquido de un preparado por cocción, para que se concentre y adquiera el sabor deseado.

Reforzar: Añadir a un preparado (salsa, sopa, guiso, etc.) un ingrediente que intensifique su sabor o color.

Refrescar: Pasar un alimento por agua fría después de haberlo cocido o blanqueado, para cortar su cocción de forma rápida.

Rehogar: Proceso culinario que consiste en freír los alimentos ligeramente y a fuego lento, sin que tomen color, con poca grasa.

Remojar: Cubrir los alimentos desecados con agua, vino, leche, etc., para que recuperen la humedad (legumbres), se ablanden o pierdan un sabor demasiado fuerte.

S

Salar: Poner un alimento crudo en salmuera para su conservación, que tome el sabor o cambie de color (anchoas).

Salsear: Cubrir un alimento con salsa en el momento de servirlo.

Saltear: Cocinar un alimento en una sartén con aceite, a fuego fuerte, cubierto total o parcialmente, quedando dorado.

Debe revolverse o agitar el alimento durante este proceso.

Sancochar: Cocer la comida dejándola medio cruda y sin sazonar. En Costa Rica, cocinar con agua y sal y algún otro condimento. En Venezuela, cocer completamente un alimento en agua.

Sazonar: Añadir sal u otros condimentos a una preparación.

Sellar: Proceso que consiste en dorar o tostar una carne a fuego fuerte, para cerrar los poros y que no pierda sus jugos en el posterior tratamiento de cocción.

Soasar: Asar un alimento ligeramente.

Sofreír: ver *Rehogar.*

T

Tamizar: Airear la harina con ayuda de un tamiz. Convertir un alimento sólido en puré con ayuda de un tamiz o cedazo.

Tornear: Recortar las aristas de un alimento (papa, zanahoria), para darle buena forma.

Trabajar: Revolver durante cierto tiempo, con una cuchara de madera o con las manos, salsas, masas, etc., para dejarlas en el punto deseado.

Trabar: Espesar o dar consistencia a una salsa añadiéndole harina, yema de huevo, mantequilla, etc. En cocina es sinónimo de ligar.

Trinchar: Cortar los alimentos en trozos, lonchas o filetes, antes de servirlos. Generalmente se utiliza para carnes y aves.

U

Untar: Barnizar o cubrir un alimento con un producto líquido, semilíquido o mantecoso. Así se unta el pan, un molde, la superficie de un pastel, etc.

Z

Zabucar: Agitar o revolver un líquido moviendo el recipiente en que está. *Zabuquear. Bazucar.*

Técnicas de congelación

- Menaje para la congelación

  ◆
- Verduras, frutas y jugos

  ◆
- Pescados y mariscos

  ◆
- Carnes y aves

  ◆
- Huevos y lácteos

  ◆
- Panes y masas

  ◆
- Platos cocinados

Introducción

La congelación de alimentos en casa se ha desarrollado muy rápidamente, sobre todo desde el comienzo de la década de 1970, y se ha convertido en práctica indispensable en cualquier hogar actual. Con una buena

planificación, la congelación de alimentos permite comprar en grandes cantidades y ahorrar casi una tercera parte del presupuesto de la cesta de la compra. Otra de sus grandes ventajas es que permite almacenar productos de temporada, cuando son más económicos y de mejor calidad, para utilizar en otra época del año, sin contar con el ahorro de tiempo que supone la preparación de comidas por adelantado. A lo largo de este capítulo proponemos una serie de técnicas que le serán de gran utilidad para congelar sus alimentos satisfactoriamente y le indicaremos cuál es el menaje indispensable para llevarlas a cabo.

MENAJE PARA LA CONGELACIÓN

Existen una serie de utensilios de gran ayuda a la hora de congelar. A continuación se detallan los de uso más frecuente.

LÁMINA DE PLÁSTICO RESISTENTE A LA CONGELACIÓN

Es preferible utilizar lámina de plástico especial para la congelación, gruesa y de alta densidad, para envolver los alimentos, ya que la hoja plástica transparente de todo uso no es lo suficientemente resistente a la humedad y a los vapores en las temperaturas del congelador.

HOJAS PARA INTERCALAR

Se colocan entre cada porción o filete para evitar que queden pegados al congelarse. Para este cometido se utiliza papel parafinado para congelar, lámina de plástico transparente, o bien se cortan las bolsas para congelar o el papel de aluminio.

PAPEL DE ALUMINIO

A la hora de congelar, es conveniente utilizar papel de aluminio grueso especial o, en su defecto, una doble lámina de aluminio corriente de cocina. Al amoldarse a cualquier forma, se usa para envolver alimentos de configuración irregular: si se pliegan los extremos sobre sí mismos con cuidado, el paquete quedará herméticamente cerrado. Sin embargo, se perfora con facilidad y conviene sobreenvolverlo en una bolsa para congelar para darle una protección adicional.

Técnicas de congelación

RECIPIENTES DE LÁMINA DE ALUMINIO RÍGIDO

Pueden emplearse para toda clase de alimentos, pero la comodidad de poder llevarlos del congelador al horno es lo que los hace más útiles. Si carecen de tapadera es conveniente cubrirlos con papel de aluminio corriente o lámina de plástico resistente a la congelación, para así evitar que los alimentos almacenados dentro se deterioren.

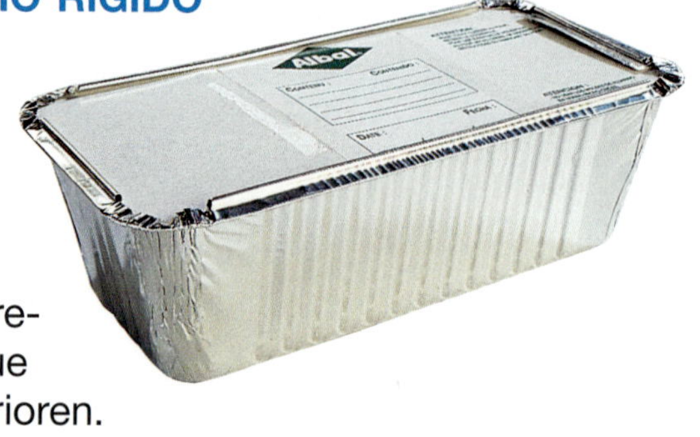

ETIQUETAS Y CINTAS

Para distinguir bien los recipientes guardados en el congelador conviene que estén bien marcados, anotando en la etiqueta el contenido, peso y fecha de congelación. Esto ayuda a encontrarlos con rapidez y comodidad y a mantenerlos en perfecto estado.

CESTA PARA ESCALDAR

Es un recipiente metálico, con las paredes y base de malla, que resulta esencial para congelar verduras frescas, ya que asegura la máxima penetración del agua hirviendo en ellas. Puede utilizarse una cesta freidora en su lugar, o una cesta plegable de alambre que quepa dentro de la olla.

CUCHILLO PARA ALIMENTOS CONGELADOS

Los cuchillos normales de cocina o de uso doméstico corren el riesgo de romperse si se emplean con frecuencia para cortar bloques de alimentos congelados. Los cuchillos para alimentos congelados tienen un acero templado especial para evitar esta posibilidad y generalmente son de sierra no muy cerrada.

VERDURAS, FRUTAS Y JUGOS

VERDURAS

El congelador es el perfecto auxiliar de la despensa y hace posible almacenar verduras de temporada corta, calidad excepcional o precio ventajoso. La mayor parte de los vegetales pueden congelarse con excelentes resultados, salvo muy escasas excepciones, entre los que destacan las verduras que no escasean, como es el caso de los poros, apios, lechugas, pimientos, etc. Si deseamos congelarlas, es conveniente convertirlas en sopas, cremas o guarniciones de otros guisos. Para el resto de las verduras, resulta muy sencillo preparar grandes cantidades para su congelación: sólo hay que tener en cuenta algunas normas básicas.

◆ Las verduras deben estar frescas y maduras, ya que si no es así sus cualidades se verán mermadas considerablemente.

◆ Lavar a fondo, trocear en el caso que sea conveniente y quitar las partes deterioradas si las tuviese.

Técnicas de congelación

◆ Escaldarlas (sumergir en agua hirviendo entre uno y cinco minutos, según lo tierna que esté la verdura) para destruir las enzimas de las verduras, manteniendo así su calidad, sabor y vitaminas.

◆ Hay verduras que tienden a ennegrecerse por efecto de la oxidación, por lo que se agrega al agua que utilizamos para escaldar una cucharadita de jugo de limón o vinagre por cada cuatro litros de agua, quedando así blanqueada la verdura.

◆ Refrescarlas con agua con abundante hielo, escurrirlas muy bien o secarlas ligeramente con papel absorbente y embasar en bolsas para congelar, sacando todo el aire posible.

◆ En general, las verduras tienen una estructura muy consistente, por lo que no resulta necesario guardarlas en envoltorios rígidos, salvo si están en purés o cremas. Una excepción a esta regla es el caso de los hongos, para los que sí se recomienda que se introduzcan en un recipiente rígido, ya que cualquier contacto con otros alimentos en el momento de su congelación podría dañar su delicada estructura de laminillas y perder sus cualidades.

FRUTAS

Casi todas las frutas se pueden congelar sin problemas, aunque no todas pueden luego ser consumidas en crudo. Esto se debe a que algunas frutas sufren cierta alteración en su consistencia y en su sabor, aunque desde luego, son perfectamente comestibles. Las frutas también en este caso tienen que ser frescas y de primera calidad, para obtener los mejores resultados. Básicamente, son tres los métodos para congelar la fruta:

Al descubierto (o al contacto): introducir la fruta sin protección alguna en el congelador, sobre una bandeja. Cuando esté sólida por efecto del frío, extraer y envasar en bolsas o en recipientes rígidos. Se utiliza para la fruta blanda (grosellas, ciruelas, etc.) y la fruta jugosa (moras, frambuesas, fresas, etc.), cuando se prevé consumirla entera y cruda tras su descongelación. Este método tiene la gran ventaja de que la fruta conserva su forma y puede emplearse, por ejemplo, para adorno de cualquier preparación o para confeccionar una macedonia.

Técnicas de congelación

En almíbar: cubrir con un almíbar frío de concentración variable según la fruta que vaya a congelarse. Debe protegerse contra posibles desplazamientos, colocando por encima del almíbar un papel parafinado para evitar que, al mover el recipiente todavía sin congelar, la fruta quede desprovista de líquido. Tapar el recipiente y congelar.

En seco: proteger con una capa de azúcar dentro de un recipiente rígido. Es un método muy apropiado para congelar fruta blanda y jugosa. El fin que se persigue es extraer el oxígeno contenido en las células, para lo cual se recomienda también pinchar la fruta. Conviene recubrir la fruta completamente con el azúcar. Cuando en un recipiente se vayan a congelar varias capas de fruta, el azúcar debe separar cada una de ellas. Es preciso dejar un espacio vacío de 2 cm entre la última capa de azúcar y la tapa del recipiente. La fruta así preparada debe utilizarse antes de que se haya descongelado por completo.

◆ El plazo de conservación de la mayoría de las frutas congeladas es de 12 meses.

Jugos

Los jugos, tanto de frutas como de verduras y hortalizas, resisten muy bien la congelación y conservan todas sus propiedades alimenticias y su sabor. Éste es también el caso de los concentrados, jugos de producción industrial que tienen útiles aplicaciones en cocina (salsas, cremas) y elaboración de bebidas.

◆ Cuando se trata de jugos de congelación casera, pueden estar o no azucarados (debe especificarse en la etiqueta de identificación, para evitar confusiones) y pueden envasarse en recipientes rígidos o en bolsas para congelar. Para ello, introducir la bolsa en un recipiente, para evitar que se derrame el jugo mientras se vierte. A continuación, extraer el aire y cerrar.

PESCADOS Y MARISCOS

PESCADOS

El pescado admite perfectamente el proceso de congelación, incluso podemos considerar que ha sido uno de los alimentos que más se ha beneficiado de éste, debido a la rapidez con la que se deterioran sus propiedades. Como con todos los alimentos, existen una serie de normas básicas imprescindibles totalmente para su mejor conservación.

◆ Sólo debe congelar pescado muy fresco. Lo ideal es congelarlo antes de que pasen 24 horas de haber sido pescado. Los pescados para congelar nunca pueden haber sido congelados y descongelados con anterioridad.

◆ Hay que prepararlos lo antes posible, limpiándolos bien. Es preferible dejar la piel, pues sirve de protección natural del propio pescado.

◆ Trocear o filetear a conveniencia, según el uso que se le vaya a dar al pescado a congelar.

◆ Envasar herméticamente y con la menor cantidad de aire posible, tanto para su propia conservación como para impedir que su olor afecte a otros artículos dentro del congelador.

◆ Los filetes y rodajas se envuelven de uno en uno en plástico adherente o aluminio y se introducen juntos en una bolsa.

◆ El plazo aconsejado de conservación de todos los pescados es de 3 meses.

◆ Los pescados menos grasos pueden estar más tiempo congelados que los más grasos.

◆ Para el pescado ya congelado, atender a las fechas de caducidad indicadas en el envase.

MARISCOS

El marisco puede congelarse perfectamente, si bien es preciso ser muy escrupuloso con su frescura, limpieza y envasado. Asimismo, los plazos de conservación son, en ciertos casos, algo menores que los de otros alimentos y es conveniente respetarlos.

◆ Los crustáceos son muy delicados, por lo que deben pasar un proceso de cocción previo, en el que se echarán en el agua cuando ésta esté hirviendo, sin olvidar que debe llevar algo de sal. Se escurren y se enfrían lo más rápidamente posible, para proceder a su envasado previo a la congelación. Pueden congelarse pelados o sin pelar.

◆ Los moluscos, como los mejillones o los berberechos (chipi-chipi), deben lavarse cuidadosamente con el fin de eliminar restos de arena y de otras impurezas. Las valvas se frotarán con cepillo y se enjuagarán varias veces en agua corriente o se dejarán varios minutos en un recipiente con agua y sal. Al abrirlos, después de su limpieza, sueltan un líquido que debe conservarse y añadirse junto a los moluscos para su congelación. También pueden separarse de las valvas y envasarlos en recipientes rígidos. Se cubren con

el jugo de cocción colado y se tapan. Hay que procurar no llenar mucho el recipiente.

◆ Los grandes crustáceos se cuecen vivos y se enfrían rápidamente antes de congelarlos, pudiéndose sacar la carne o dejarla dentro de su caparazón, dependiendo del uso posterior que les vayamos a dar. Hay que envolverlos en papel de aluminio, cerrando bien los paquetes.

CARNES Y AVES

CARNES

La carne es un producto ideal para congelar porque admite perfectamente el proceso y no sufre mermas en sus cualidades nutritivas. Si adquirimos cantidades importantes de carne lo notaremos en nuestra economía, ya que cuesta siempre menos que comprada al día. A la hora de adquirir carnes para congelar hay que tener en cuenta los plazos de conservación recomendados en el congelador y una serie de normas básicas.

- ◆ Se deben congelar sólo carnes de buena calidad.
- ◆ No deben haber sido congeladas y descongeladas previamente.
- ◆ Dividirlas en raciones no demasiado grandes para el consumo diario.
- ◆ Congelar las carnes, si es posible, deshuesadas, ya que ocupan menos espacio.

Técnicas de congelación

◆ Envolver cada pieza en papel de aluminio o lámina de plástico, presionando muy bien para que no quede ninguna bolsa de aire en el interior.

◆ No es recomendable rellenar las carnes antes de congelar.

◆ Quitar el exceso de grasa en el lechazo o el puerco antes de congelarlos, así como cuando congele carne troceada, incluso si es de res.

◆ Puede envasarla en bolsas para congelar o en recipientes rígidos.

AVES

Antes de emprender la tarea de comprar y preparar aves para su congelación doméstica, es recomendable informarse sobre el surtido de aves congeladas industrialmente: en general, ofrecen buena calidad y, en algunos casos, su precio es ventajoso. Si se opta por la congelación en casa, han de seguirse estas directrices:

- Desplumar el ave inmediatamente, sin escaldar, y chamuscar cualquier plumita que haya quedado.

- Vaciar de menudos y congelarlos por separado.

- Lavar a fondo y secar.

- No rellenar: el relleno tiene siempre un período de conservación menor que el del ave y hace más lento el proceso de descongelación.

- Bridar las aves que vayan a cocinarse enteras.

- Trocear a conveniencia, según el uso posterior.

- Envolver en papel de aluminio doble y envasar en bolsa de plástico, si fuera necesario.

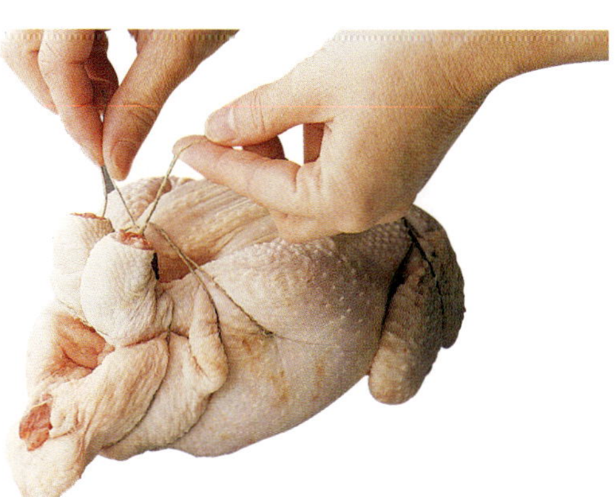

Técnicas de congelación

HUEVOS

Aún siendo un alimento muy abundante y accesible, puede resultar conveniente, en determinadas circunstancias, congelar huevos muy frescos, más baratos, o claras y yemas sobrantes de la confección de cualquier plato. Los huevos se congelan con resultados muy satisfactorios, tanto crudos como cocinados, cuando entran en la preparación de algún plato.

◆ No deben congelarse en su cáscara, pues las bajísimas temperaturas en el interior del congelador la reventarían.

◆ No congelar los huevos cocidos, pues adquieren en la descongelación una consistencia correosa bastante desagradable.

◆ Es aconsejable congelar huevos batidos. También se pueden congelar claras y yemas separadas.

◆ Es muy importante el cierre hermético, ya que este artículo es especialmente sensible a los olores de los demás alimentos.

◆ Su tiempo de conservación recomendado es de 6 meses.

◆ Las yemas se pueden congelar de dos formas: por separado o batidas en pequeñas cantidades.

◆ Utilizar las bandejas para cubitos de hielo, depositando una yema en cada uno de los compartimentos.

◆ Extraer de los compartimentos cuando estén congeladas, envasar en bolsas de plástico y cerrar herméticamente.

◆ Batir varias yemas, verter en recipientes rígidos y a continuación cerrar herméticamente.

HUEVOS BATIDOS

Batir ligeramente las claras y las yemas juntas, sin que se forme espuma por efecto del aire mezclado, que perjudica al huevo en la congelación.

Según el uso que se vaya a dar tras la descongelación, incorporar 1/4 de cucharadita de sal o una cucharadita de azúcar por cada 3 huevos batidos (esto debe quedar marcado en su etiqueta).

Depositar en recipientes rígidos y cerrar herméticamente.

LÁCTEOS

La leche y gran parte de sus derivados admiten bien la congelación y en su mayoría se conservan durante largo tiempo en el congelador. Por el contrario, los quesos no son un alimento muy apropiado para la congelación. Sólo los tipos más blandos resisten hasta cuatro meses (durante este tiempo se frena su maduración). Los duros no deben congelarse ni tampoco conservarlos en el refrigerador, porque tienden a desmoronarse.

Técnicas de congelación

◆ La mantequilla y la manteca se congelan con buenos resultados, con un período de conservación de hasta seis meses, pero para ello es imprescindible que estén frescas.

◆ Una idea interesante es condimentar la mantequilla con diferentes hierbas y darle forma de cilindro para cortarla en rodajitas, una vez fría o congelada; al ponerla sobre carnes, pescados o verduras calientes conseguimos enriquecer el sabor de nuestros platos.

PANES Y MASAS

Los panes y masas son alimentos que resultan muy fáciles de congelar y sus propiedades se conservan de manera muy satisfactoria.

◆ Todas las masas crudas se pueden congelar introduciéndolas en una bolsa grande untada de grasa y cerrada herméticamente, excepto aquellas que contengan levadura seca.

◆ Las barras u hogazas deben ser lo más recientes posibles para su congelación, y estar completamente frías.

◆ Se recomienda envolver el pan en papel de aluminio antes de introducirlo en el congelador.

◆ El pan de molde se congela sólo cuando es realmente fresco, dejándose en su envoltorio y sobreenvolviéndolo en una bolsa para congelar.

◆ Los bollos y panecillos se envasan en una sola capa en bolsas para congelar o recipientes rígidos.

◆ Para congelar los pasteles con fondo y cubierta de pasta y las tartaletas rellenas sin cocer, es preciso ponerlos primero en moldes rígidos. A continuación, congelar al descubierto (al contacto) y, seguidamente, retirar los moldes y envolverlos en papel de aluminio o en una bolsa para congelar.

◆ Las pastas y galletas se congelan perfectamente: las mejores variedades son las que tienen un alto contenido en grasa. No obstante, puesto que las pastas cocidas se conservan bien en un recipiente hermético, en la práctica no merece mucho la pena congelarlas. Sin embargo, la masa sin cocer resulta de gran utilidad para tener en el congelador, ya que puede convertirse con gran rapidez en pastas frescas y crujientes.

En las tortas y bizcochos para congelar deben evitarse las esencias sintéticas, rellenos de mermelada y los glaseados escarchados hervidos y de *fondant*.

Los bizcochos y tortas grandes pueden partirse en trozos antes de congelarse, para que puedan retirarse porciones individuales del congelador según se vayan necesitando.

◆ Los bizcochos también se pueden congelar enteros sin adornar, introduciéndolos previamente en una bolsa para congelar. Es más conveniente decorarlos una vez descongelados cuando se vayan a utilizar. Aun así, si desea congelarlos adornados debería hacerlo al descubierto y después envolverlos en papel de aluminio o introducirlos en bolsas para congelar. Los trozos de torta se envasan en una bolsa para congelar, intercalando una hoja de papel de aluminio entre cada trozo.

PLATOS COCINADOS

La congelación de platos cocinados y su almacenamiento puede resultarnos de gran ayuda para organizar con rapidez y muy poco trabajo una comida sustanciosa y abundante. Además, es una buena manera de aprovechar alimentos ya preparados que no han sido consumidos en el día previsto, dándonos la posibilidad de guardarlos para su posterior uso dentro de un período prolongado de tiempo.

◆ También debemos considerar que nos puede ser de gran utilidad congelar amplias porciones de alimentos cocinados, ya que podrán prepararse y estar listos para comer en muy poco tiempo, lo que resulta ideal si surge cualquier situación imprevista.

◆ La mayor parte de nuestras comidas habituales pueden ser congeladas, aunque existen una serie de puntos a tener en cuenta en cada caso concreto que nos ayudarán a que nuestros platos mantengan todas sus propiedades y sabor originales.

◆ Las pastas de gran tamaño que admiten relleno, como los canelones, lasaña, caracolas, etc., cubiertas o no de una salsa, requieren con frecuencia un acabado final bajo el grill del horno tras la descongelación.

Pasta

Las pastas cocidas que tengan un alto contenido en grasa son las que obtienen mejores resultados tras el proceso de congelación.

◆ La pasta cocida se escurre lo máximo posible y se envasa, una vez fría, en recipientes rígidos, cubriéndola con papel de aluminio u hoja plástica transparente.

◆ La pasta fresca sin cocer se envuelve en papel de aluminio o se congela al descubierto hasta que se solidifique y luego se envasa en recipientes rígidos.

Albóndigas

Las albóndigas son un plato fácil de congelar cuyas cualidades no se alteran si se siguen una serie de normas básicas:

◆ No especiar demasiado la carne ni agregarle la misma cantidad de condimentos que si fuera a consumirse inmediatamente.

◆ El tiempo en el congelador no debe sobrepasar los 3 meses.

Budín (pudín)

Los budines son una forma sabrosa y fácil de preparar un postre que puede congelarse con excelentes resultados, siempre que no tengan un alto contenido en grasa.

◆ Han de congelarse en el mismo molde donde se han elaborado,

para evitar cualquier deformación y rotura que se les pueda causar durante el proceso.

◆ El molde puede retirarse una vez que el frío haya solidificado el contenido y adquiera la dureza propia de la congelación profunda. A continuación, envolver el budín en papel de aluminio para protegerlo dentro del congelador.

ARROZ

Los arroces secos, es decir, que una vez cocinados no contienen líquido, como por ejemplo el arroz blanco, pueden congelarse. Su consistencia se altera poco y, si bien no tiene la calidad del plato recién cocinado, el grano queda entero y suelto.

◆ Durante la congelación, los cristales de hielo que se forman pueden romper el grano hidratado, por lo

que las variedades de grano largo dan mejor resultado ya que mantienen bastante bien su consistencia.

◆ No deben congelarse los arroces caldosos, aunque estén elaborados con variedades de grano largo.

GALLETAS

Las galletas caseras admiten perfectamente la congelación. Esto es válido tanto para las galletas cocinadas como para la masa, que puede congelarse cruda.

◆ En el primer caso, hay que cocinar y dejar enfriar las galletas. Acto seguido, envasarlas para su congelación en una caja rígida y hermética, con separaciones de papel de aluminio entre cada capa de galletas. En el caso de la masa cruda, es posible congelarla formando un rollo que se corta para modelar las galletas cuando está ligeramente descongelado.

Esta medida resulta preferible a congelar las galletas confeccionadas, que corren el riesgo de deformarse durante las inevitables manipulaciones de la congelación.

◆ Al congelar, los mejores resultados se obtienen con el empleo de masas muy ricas en grasa (la proporción mínima recomendada es de 100 g de grasa por cada 500 g de harina).

GUISOS

Estas preparaciones, basadas en caldo, verduras, hortalizas, legumbres y embutidos o carnes, se congelan con facilidad y conservan muy bien sus propiedades. Para la congelación de estos platos hay que tener en cuenta tres puntos:

◆ Todos los ingredientes deben quedar bien cubiertos por el caldo. Para ello, se aconseja congelar en recipientes profundos, de modo que el caldo pueda alcanzar un nivel más alto que el de los ingredientes sólidos. De esta manera, el resecamiento producido por el frío no afectará a los alimentos sólidos (en especial, las papas se resienten si quedan descubiertas).

◆ Entre la superficie del caldo y la tapa del recipiente debe existir un espacio de 2 cm, para la expansión del líquido congelado.

◆ Algunos guisos incorporan embutidos muy especiados. Si fuera el caso, habrá que envasar el guiso doblemente para que no comunique sabor a otros alimentos.

CREMAS Y PURÉS

Las cremas y purés pueden congelarse y mantienen bien su consistencia tras el recalentamiento.

Técnicas de congelación

◆ La crema de leche líquida o batida que se le añade podría cortarse durante el recalentamiento y formar pequeños grumos, por lo que se recomienda congelarlas sin agregarles el toque final de crema.

◆ Deben envasarse en un recipiente rígido, dejando un espacio para la expansión de 2 cm entre el nivel superior de la crema y la tapa del recipiente de congelación.

◆ Otra forma de congelar las cremas es en una bolsa; para ello, introducir la bolsa para congelar en un recipiente alto, verter la crema o puré y extraer la bolsa del recipiente. Cerrar, marcar y congelar.

ROLLITOS DE CARNE

Los rollos de carne rellenos o hechos de carne molida admiten la congelación perfectamente, y pueden constituir una práctica solución para el plato principal de una comida.

◆ Se recomienda que cuando hayan sido preparados con salsa, guardar ésta en un recipiente aparte.

◆ También pueden congelarse sin cocinar, lo que proporciona las ventajas de que se descongelan más rápidamente y que pueden llevarse directamente del congelador al horno, eso sí, teniendo en cuenta que debe aumentar un poco el tiempo de cocción.

Técnicas de microondas

Descongelar con microondas

◆

Calentar con microondas

◆

Cocinar con microondas

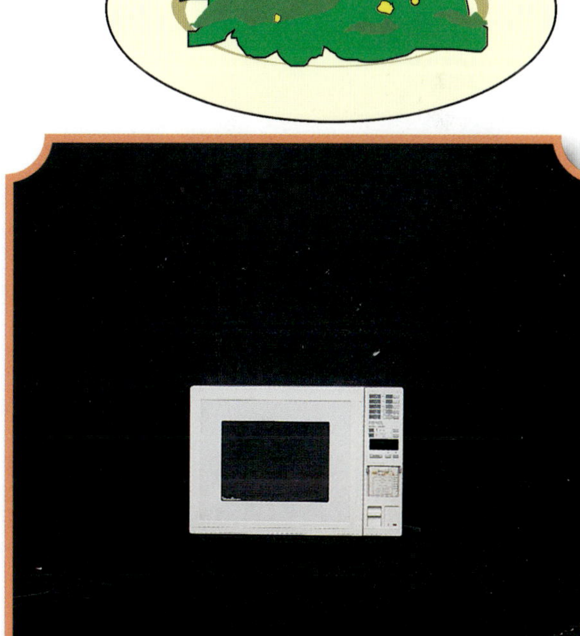

Introducción

Cada vez es menos el tiempo del que se dispone para cocinar en casa. La gran difusión que ha tenido el horno de cocción por microondas se debe a la rapidez con que se puede llevar a cabo la preparación de un alimento. Si a esta gran ventaja le sumamos

otras virtudes como el ahorro de energía, la simplicidad de manejo y la fácil limpieza de este instrumento, no es de extrañar que la aparición del horno microondas haya representado un acontecimiento revolucionario en la cocina moderna.

En este capítulo ofrecemos una serie de directrices y reglas básicas a seguir para la correcta utilización del microondas, así como algunos consejos que nos pueden ayudar a conseguir mejores resultados.

DESCONGELAR CON MICROONDAS

Las nuevas técnicas de descongelación con ayuda del microondas han terminado con las preocupaciones de última hora sobre si el alimento estará o no en condiciones de cocinarse. En especial, esto se nota con las piezas grandes, que antes requerían varias horas de descongelación y ahora van a la mesa en menos de lo que nunca se habría pensado. Para que la descongelación sea satisfactoria, existen una serie de recomendaciones a tener en cuenta:

◆ El tiempo que requerirá un alimento congelado para descongelarse dependerá de su densidad, peso, tamaño, etc.

◆ Es importante descongelar por completo, antes de cocinarlos, pescados enteros, aves enteras y piezas de carne rellenas, ya que si quedan zonas crudas, éstas albergan bacterias que, al no destruirse con el calor, pueden resultar peligrosas.

◆ Se puede también comenzar el proceso de descongelación en el microondas y completarlo en el refrigerador o a temperatura ambiente.

◆ Se recomienda dejar un período de reposo tras el proceso de descongelación, de modo que la temperatura interior se iguale a la del exterior.

◆ Conviene tapar los alimentos que se están descongelando con plástico adherente o bolsas de asar, para que mantengan su grado de humedad y se reduzca el tiempo del proceso. No se debe practicar nunca un cierre hermético en la bolsa, porque al calentarse el alimento, el vapor que se produce haría reventar el plástico.

AVES Y CARNES

Hay que descongelar por completo las piezas para conseguir posteriormente una cocción perfecta y uniforme.

◆ Retirar cualquier atadura o grapa metálica que la envoltura pudiera contener, así como el papel de aluminio si lo tuviese.

◆ Dar dos o tres vueltas a las aves o a las piezas grandes durante el proceso.

◆ Separar y cambiar de posición las piezas pequeñas.

◆ Retirar los menudos del interior de las aves tan pronto como lo permita su ablandamiento.

◆ Al descongelar una pieza de carne grande en el microondas conviene envolverla en papel de aluminio cuando el exterior esté descongelado, para que termine de descongelarse a temperatura ambiente y de forma uniforme.

◆ Colocar las piezas sobre una rejilla o una fuente invertida, para que no estén en contacto con los líquidos de descongelación.

◆ Para cortar en filetes una pieza grande es conveniente hacerlo en la mitad del proceso de descongelación.

◆ Al descongelar un bloque de carne molida, hay que ir retirando con la mano o con un tenedor las capas ya descongeladas, cada 2 minutos.

◆ Son de gran utilidad los envases en los que viene la carne en los grandes almacenes, pues son idóneos tanto para su congelación como para su posterior descongelación en el microondas. Sólo hay que acordarse de perforar un par de veces la bolsa o envase, de modo que el vapor de agua pueda escapar.

PESCADOS Y MARISCOS

El microondas descongela el pescado a la perfección y con rapidez, siempre que se respeten los tiempos recomendados.

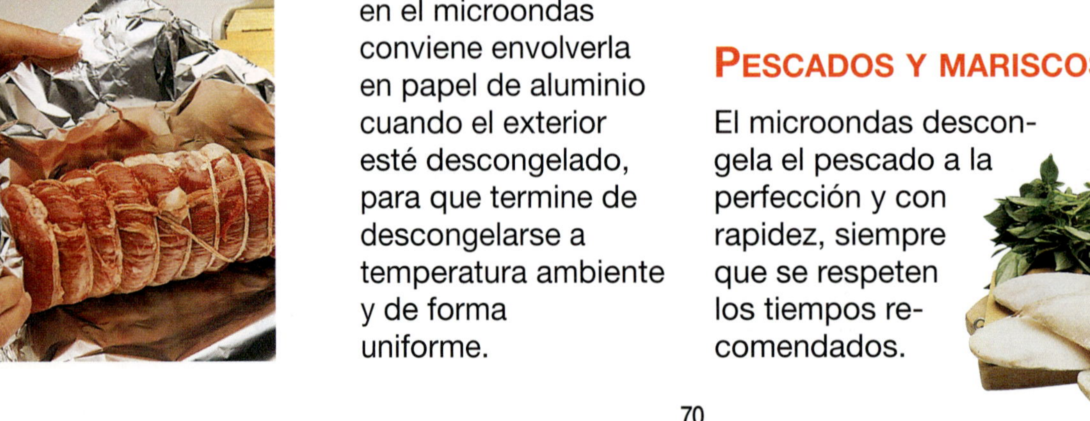

El punto ideal de descongelación es cuando el pescado está aún frío pero ya flexible.

◆ El pescado que se ha adquirido ya congelado puede descongelarse directamente en su envase.

◆ Cuando se haya congelado un pescado entero y se desee filetearlo, descongelarlo durante 5 minutos por cada 500 g de peso, al 50 % de potencia.

◆ Es muy importante cocinar cuanto antes un pescado descongelado, para que conserve todas sus propiedades.

◆ Para prevenir un desecamiento del pescado, se debe descongelar tapado con plástico adherente.

◆ Utilizar papel de aluminio para proteger las cabezas y colas y para envolver durante el período de reposo.

◆ Las rodajas que se hayan envasado juntas, cuando la descongelación lo permita, es recomendable separarlas y colocarlas en una sola capa.

VERDURAS, FRUTAS Y HORTALIZAS

Una correcta congelación debe completarse siempre con una descongelación cuidadosa. Esta norma, que ha

de seguirse con todo tipo de artículos, resulta más fácil de cumplir en el caso de las verduras y hortalizas puesto que, en muchos casos, pueden incorporarse directamente a la preparación en que se requieran, sin que sea preciso descongelarlas previamente.

◆ La verdura puede descongelarse también directamente en su bolsa de congelación, si ésta es de plástico y no contiene partes metálicas.

◆ Colocar las verduras en una sola capa y con las partes más gruesas hacia la parte exterior del recipiente.

◆ Agregar líquido a aquellos vegetales que lo requieran (un tercio del líquido que se utilizaría en una cocción tradicional).

◆ Añadir siempre la sal al final del proceso, para evitar manchas de desecación.

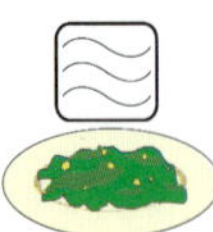

Técnicas de microondas

◆ También se puede descongelar perfectamente cualquier tipo de fruta: verterla en un recipiente apto para el microondas (si le resulta difícil de extraer, poner unos momentos bajo un chorro de agua caliente) y revolver con un tenedor de madera durante la fase de descongelación, para recolocarla y acelerar el proceso. La fruta deberá reposar unos minutos cubierta de plástico adherente.

PLATOS COCINADOS

El microondas es también fundamental y de gran ayuda para agilizar el proceso de la descongelación de los platos cocinados. En un momento se pueden tener listas todo tipo de comidas que haya congelado con antelación y que podrá consumir directamente, sin que pierdan sus propiedades. A continuación se detallan una serie de alimentos y el procedimiento que debe seguir para su descongelación, en cada caso.

Bizcochos y tortas: La forma de los bizcochos y de las tortas, además de su consistencia, influyen determinantemente en la penetración de las microondas y, por consiguiente, en la rapidez de la descongelación.

◆ Todos aquellos bizcochos que se adapten bien al molde alargado (el llamado *molde de cake*) han de descongelarse comprobando constantemente su estado. Es preferible hacerlo así que correr el riesgo de resecarlos por haberlos sometido a una descongelación excesiva.

◆ Si se trata de un bizcocho adquirido con su envase, éste deberá retirarse, así como cualquier bolsa protectora. De igual modo, cuando el bizcocho se haya envasado para su congelación en una lámina de aluminio, ésta se desechará antes de descongelarlo.

◆ Tanto tortas de bizcocho, de queso o de frutas pueden congelarse con excelentes resultados y para su descongelación apenas se precisan unos 5 minutos seguidos de otros 10 de reposo si se utiliza la potencia más baja (para ello es conveniente envolverlas en bolsas para que conserven la humedad).

◆ Otra forma sería utilizar un método mixto, consistente en someter la torta a descongelación durante un minuto pero al 20 o 25 % de potencia y dejar reposar posteriormente durante 1 hora.

◆ En cualquier caso, es preciso aguardar a que la descongelación de la torta sea completa para poder servirla o, en su caso, para adornarla con frutas u otros ingredientes.

Sopas y Cremas: Las sopas y cremas no muy espesas, resultado de la cocción en abundante caldo de ingredientes pequeños o muy troceados y sin la adición de ningún espesante, admiten muy bien la congelación. Es el caso de las sopas de verdura, de pasta fina, de picadillo, etc.

◆ El microondas facilita mucho la operación, especialmente cuando se trata de grandes cantidades de sopa. Por otra parte, no existe riesgo de que se quemen los alimentos y, finalmente, es posible descongelar y presentar a la mesa en pocos minutos y en el mismo recipiente.

◆ Retirar la envoltura de congelación y colocar el bloque de sopa en un recipiente que sea adecuado al microondas, como puede ser una sopera de servicio.

Llevar al microondas y conectar la máxima potencia durante unos 10 minutos.

◆ Durante la descongelación, deshacer el bloque de sopa con ayuda de un tenedor de madera. Asimismo, es recomendable revolver cada 3 minutos. Comprobar el estado de la sopa y calentar unos minutos más, si fuese necesario.

Legumbres: Frijoles, garbanzos y lentejas pueden congelarse una vez guisados o cocidos, con o sin su líquido de cocción. Como en la mayoría de los casos, en la descongelación de estas preparaciones resulta de gran ayuda el microondas, al acortar el proceso.

◆ La recomendación de deshacer el bloque congelado con un tenedor de madera, tan frecuentemente aconsejada para otros alimentos, debe eliminarse cuando se trata de legumbres, en especial si son de gran tamaño; de lo contrario, se corre el riesgo de romperlas y estropear su presentación. Tan sólo debe revolverse cuando, ya descongeladas y tras el reposo, van a recalentarse.

◆ Cuando las legumbres cocinadas se destinan a ensaladas, requieren una fase de descongelación y otra de reposo pero, como es natural, se elimina la fase de calentamiento, ya que se consumen frías.

◆ Desenvasar el guiso y depositar el bloque congelado en una fuente de servicio. Llevar al microondas y descongelar al 25 o 30 %. A continuación, cubrir la fuente y dejar reposar el alimento.

◆ Una vez el guiso está descongelado, es el momento de calentarlo. Para ello, utilizar la máxima potencia. Tras esta fase, el plato, si lo desea, puede adornarse o espolvorearse con perejil, huevo duro o el toque final que requiera.

Quiches: Basadas en una tartaleta que se rellena de una mezcla de huevos, leche o crema, queso y otros ingredientes variados, las *quiches* se han popularizado mucho en los últimos años, pues proporcionan un alimento consistente, fácil de hacer o de comprar ya elaborado y que se presta muy bien a la congelación, ya sea casera o industrial.

◆ En muchas recetas, las *quiches* se gratinan al final de su elaboración. Si se piensa en congelarlas, este último paso debe de dejarse para después de la congelación.

◆ El microondas hace muy rápida la descongelación de estos platos, además de evitar que se endurezcan y se resequen durante el calentamiento. La potencia más recomendada es la máxima y, si se requiere un gratinado, puede hacerse en un horno convencional o en microondas, aunque el color dorado no será tan llamativo.

◆ Las *quiches* no precisan molde para su congelación, aunque sí un recipiente rígido. No obstante, es recomendable colocarlas en un molde de vidrio para descongelar y servir, tanto si son caseras como elaboradas comercialmente.

◆ Una vez descongelada en máxima potencia y tras el reposo, la *quiche* puede espolvorearse con

queso molido si la receta lo exige y llevarse al gratinador convencional o dejar fundir el queso en el microondas.

Pasteles de carne: Estas preparaciones, a base de carne molida y condimentada, dan muy buenos resultados en la congelación y, por consiguiente, en su posterior descongelación en el microondas.

◆ Los pasteles de carne pueden elaborarse en terrina o en molde.

Se distinguen de los patés por la consistencia, que en estos últimos resulta mucho más fina y homogénea, propia para untar, lo que no ocurre en los pasteles de carne.

◆ Resulta muy recomendable elaborar estos platos en moldes redondos y, preferiblemente, con forma de anillo, pues este tipo de moldes hace que las microondas puedan distribuirse de forma muy equilibrada entre las diversas zonas del pastel. Al no ser posible revolver el alimento, se logra así una descongelación rápida.

◆ Si la consistencia del pastel lo permite, resulta cómodo desmoldarlo y descongelarlo en la fuente de servicio. Pero también se puede descongelar en su terrina, si es adecuada para la cocción en microondas y servirlo directamente en ella.

◆ Una vez descongelado el pastel y sometido al reposo que se recomienda, puede pincharse con una brocheta. Ésta deberá penetrar fácilmente. De lo contrario, ampliar unos minutos el proceso.

◆ No resulta útil adornarlo antes de congelar, pues la decoración suele ser delicada y puede estropearse con las manipulaciones. Una vez ya descongelado, se puede decorar con rodajas de jitomate natural o al gusto.

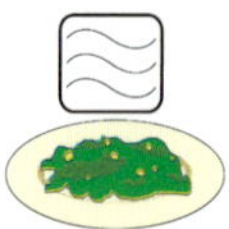

CALENTAR CON MICROONDAS

El microondas es, con mucha diferencia, el más seguro y eficiente método para recalentar alimentos. Con pocas excepciones, se utiliza la potencia máxima (100 %) para recalentar y las altas temperaturas internas que se alcanzan reducen muchos de los riesgos sanitarios asociados a los métodos de recalentamiento más lentos. Esta ventaja proporciona excelentes resultados, siempre que se sigan unas sencillas instrucciones generales que se dan a continuación:

◆ Muchos alimentos requieren, tras el recalentamiento, un breve período de reposo, igual que después de ser cocinados. Ello se debe a la necesidad de equilibrar la temperatura exterior con la interior antes de servirlos.

◆ Siempre que sea posible, deben revolverse los alimentos durante la operación de recalentarlos. Cuando esto no resulte aconsejable por cualquier motivo, se recolocaran o se girará el recipiente que los contenga.

◆ Las porciones de alimento muy pequeñas (entre 50 y 75 g) sólo requieren unos pocos segundos para recalentarse. Es posible calcular el plazo mentalmente pero, como medida de precaución contra el riesgo de volver a cocinar el alimento (en lugar de recalentarlo únicamente), alterando así su textura, se aconseja reducir la potencia a «descongelación» (25 %) y alargar el tiempo ligeramente (por ejemplo, 1-2 minutos). Sea cual fuere el tiempo total, el alimento deberá vigilarse constantemente.

◆ Es conveniente tapar siempre los alimentos con una lámina de plástico adherente si el recipiente de recalentamiento no dispone de tapa. No olvide perforar el plástico para que pueda salir el vapor.

◆ A continuación, se detallan una serie de consejos prácticos para recalentar eficazmente distintos tipos de alimentos cocinados o restos de los mismos.

RACIONES INDIVIDUALES

Disponer los alimentos en los platos de forma que las partes más gruesas o densas queden hacia el exterior y las más finas o delicadas hacia el centro.

◆ Existen bandejas de plástico moldeadas con diversos huecos que pueden hervir 3 o 4 tipos de alimentos. Resultan muy cómodas para recalentar una comida completa en el microondas.

◆ Colocar los alimentos de forma que no excedan una altura de 4 o 5 cm.

◆ Cuando formen parte de un guiso, las papas grandes deben cortarse en trozos homogéneos. Si se trata de papas asadas enteras, disponerlas sobre una hoja de papel absorbente. Ésta recogerá la humedad excesiva sin dejar seco el alimento.

arañarse con un tenedor por la superficie, para que se recalienten con mayor rapidez.

◆ Los platos de pasta cubiertos de salsa, como la lasaña, perforarlos varias veces con la punta de un cuchillo.

◆ Si es preciso, los platos pueden dorarse ligeramente bajo un grill convencional. Esta operación puede llevarse a cabo después de recalentarlos en el microondas.

◆ Perforar con un cuchillo o separar con un tenedor los alimentos, formando montoncitos, facilita la penetración de la energía de las microondas hasta el centro del alimento. Los recipientes sólo necesitan estar ligeramente tapados con plástico adherente, papel de cocina o servilletas.

RACIONES FAMILIARES

Si se ha refrigerado el alimento, calcular un poco más de tiempo para recalentar.

◆ Los alimentos densos, como los pasteles de pescado o carne que lleven un recubrimiento de salsa espesa o de puré de papa, han de

SOPAS Y CREMAS

Siempre que sea posible, calentar raciones individuales en cuencos o tazas, para que la operación resulte más rápida. Si utilizamos una sopera,

Técnicas de microondas

el tiempo de calentamiento es mayor, pues las microondas tardan más en penetrar en todo el líquido.

◆ Si las raciones están sin separar en un solo recipiente, procurar que éste posea una forma compacta y suficientemente profunda para facilitar la operación de revolver, que habrá de hacerse varias veces durante el recalentamiento. En un recipiente ancho y plano es más fácil provocar salpicaduras de sopa al revolver.

◆ Las sopas y cremas deben revolverse una vez durante el recalentamiento y otra después de extraerlas del microondas.

PLATOS VEGETALES

Cualquier resto de verduras u hortalizas puede ser recalentado y, suponiendo que no se hubiera cocinado en exceso previamente, mantendrá su sabor y apariencia fresca. Se recomienda rociar un poco de agua sobre los vegetales y taparlos con plástico.

◆ En caso de que se recalienten grandes cantidades, habrá que revolverlas o recolocarlas durante el proceso.

◆ Si se requiere más brillo, pueden agregarse unos pegotitos de mantequilla.

ESTOFADOS Y CAZUELAS

Deben cubrirse con una lámina de plástico adherente para recalentarlos.

◆ El contenido se revolverá y recolocará durante el proceso; la frecuencia requerida estará en función del volumen de alimento que se está recalentando.

ARROZ Y PASTA

Nunca quedan bien recalentados por los métodos convencionales, porque se resecan y pierden sabor. En el microondas, sin embargo, parecerán recién cocinados, tanto en aroma como en textura.

◆ Cubrir con lámina de plástico adherente o con una tapa, de modo que retengan su humedad natural. También se recomienda revolver ligeramente con un tenedor, a mitad del tiempo de recalentamiento.

MASAS Y PANES

Estos alimentos se recalientan muy bien: colocarlos o envolverlos en servilletas de papel, que absorberán el exceso de humedad de la base.

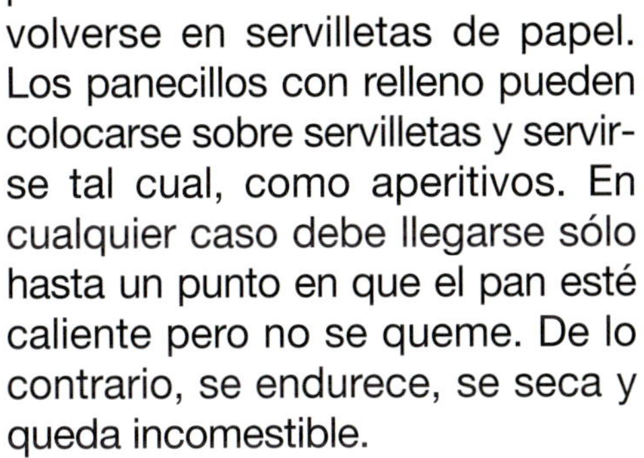

◆ El microondas resulta muy práctico y cómodo para recalentar todas las variedades de pan. Deben envolverse en servilletas de papel. Los panecillos con relleno pueden colocarse sobre servilletas y servirse tal cual, como aperitivos. En cualquier caso debe llegarse sólo hasta un punto en que el pan esté caliente pero no se queme. De lo contrario, se endurece, se seca y queda incomestible.

◆ El hojaldre tiende a ablandarse tras el recalentamiento, pero esto puede remediarse llevándolo a un grill convencional, precalentado durante breves minutos.

◆ Las piezas pequeñas de repostería con gran contenido en azúcar, como las tartaletas de crema o de fruta, pueden recalentarse en «descongelación» (25 %), con objeto de controlar mejor el rápido aumento de temperatura que alcanza el relleno.

◆ Las pizzas pueden recalentarse en unas rejillas especiales, pero se obtienen asimismo buenos resultados utilizando la bandeja de dorar precalentada. Hay que tener en cuenta el tiempo y la potencia del microondas para no resecar el alimento, teniendo también presente el tamaño de la pizza que se va a recalentar.

COMIDAS INFANTILES

Una vez preparados, las papillas y alimentos infantiles pueden calentarse rápidamente en el microondas, siempre que se encuentren en un recipiente apto para este tipo de cocción.

ALIMENTOS ENLATADOS

Cualquier alimento enlatado puede recalentarse en el microondas, trasladándolo de la lata a una fuente de servicio antes de introducir en el microondas.

◆ Los alimentos que estén envasados en packs (cartonajes con lámina interior de aluminio) deben extraerse y recalentarse en un recipiente apto para el microondas.

◆ No se recomienda la esterilización de los biberones en el microondas; es preferible acudir a los métodos habituales.

◆ Si desea calentar los biberones, es recomendable colocar las tetinas invertidas y acto seguido introducirlos en el microondas.

◆ Los frascos de comida infantil deben calentarse desprovistos de su tapa metálica. Introducirlos en el microondas y calentar, siempre a la máxima potencia, de 30 segundos a 1 minuto, en función de su número y capacidad. Si se trata de varios frascos, disponerlos en círculo dentro del aparato.

◆ Las comidas infantiles sólidas requerirán tiempos similares aunque, desde luego, esto puede variar en función del tipo y la cantidad del alimento preparado.

OTRAS RECOMENDACIONES

Al recalentar bebidas, ya sean a base de agua o de leche, evitar taparlas.

◆ Aunque un alimento burbujee por las zonas cercanas a los bordes, su interior puede estar aún frío. Cuando la temperatura se iguale, la base del vaso o contenedor estará caliente al tacto.

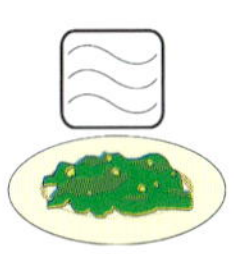

COCINAR CON MICROONDAS

Una de las mayores ventajas que posee el microondas es la rapidez y limpieza con la que se pueden cocinar los alimentos; desde los guisos y las carnes hasta los mariscos y las verduras, adquieren texturas y calidades exquisitas al ser cocinados con este método.

VERDURAS Y HORTALIZAS

La mayoría de las verduras y hortalizas pueden cocinarse a la perfección en el microondas, ya sea en cazuela o en bolsa de asar, frescas o congeladas, pues mantienen todas sus cualidades de aroma y textura. La principal ventaja de este tipo de cocción estriba en la rapidez y en la escasa cantidad de agua que requiere el proceso. Como normas generales, podemos determinar los siguientes puntos:

- ◆ Es conveniente que el tamaño de estos alimentos sea parecido para que el punto de cocción resulte homogéneo.

- ◆ Se aconseja trocear las verduras para acelerar su cocción.

- ◆ Deben elegirse verduras frescas y firmes.

- ◆ Conviene lavarlas varias veces para eliminar cualquier resto de tierra y desechar las partes que estén marchitas.

- ◆ Con la bandeja de dorar pueden obtenerse sofritos con el color tradicional.

- ◆ En general, la cocción en microondas no mejora la calidad de las verduras mediocres.

- ◆ A continuación se presentan una serie de consejos prácticos para cada caso concreto.

Ajo: Es fácil y rápido cocinar ajos en el microondas, ya sean molidos para un sofrito o en cabezas enteras y peladas para confeccionar una crema. En ambos casos, la potencia más adecuada es la máxima.

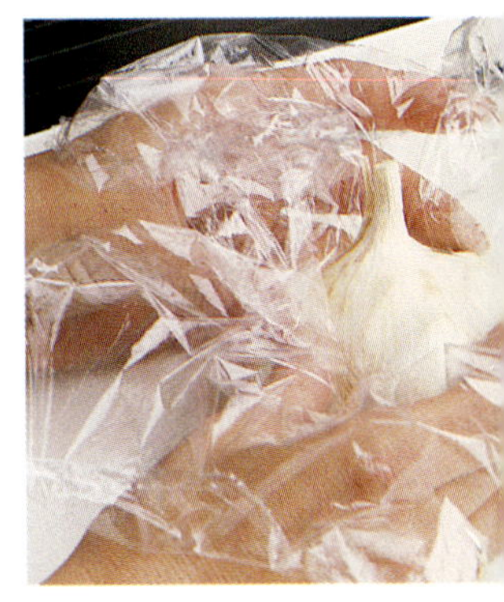

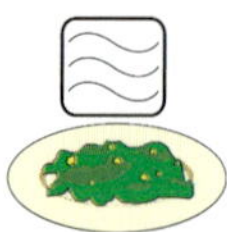

Betabel: Con el microondas se logra un considerable ahorro de tiempo en su cocción.

◆ Para obtener buenos resultados, utilizar siempre piezas más bien pequeñas y tiernas.

Brécol: A pesar del reducido tamaño de las cabezas de brécol, es aconsejable trocearlas en piezas de parecido volumen para su cocción en el microondas. Si los tallos fueran excesivamente gruesos (unos 2 cm), hacerles varios cortes longitudinales a cada uno.

◆ Disponer los brotes en una fuente, de manera que los ramos queden hacia el exterior y los tallos en el centro. Agregar 4 o 5 cucharadas de agua un poco salada y cubrir con plástico adherente. Mediado el proceso, revolver delicadamente o cambiar los ramitos de posición. Extraer, dejar reposar unos 2 minutos y escurrir. Incorporar mantequilla o margarina, jugo de limón, pimienta, nuez moscada, orégano, etc., o bien agregar alguna salsa o queso molido y seguir cocinando.

Cebolla: La cebolla puede cocinarse en el microondas entera o molida. No obstante, el color del sofrito será algo mas pálido que el de un preparado convencional.

◆ La cebolla, por otra parte, mantiene una consistencia algo más firme. Sin embargo, su sabor y sus cualidades no se alteran y resulta deliciosa.

Chícharos: Algunos expertos aconsejan que los chícharos frescos no se sometan a cocción en microondas, pues en algunos casos su piel no llega a ablandarse suficientemente, mientras que su interior se cocina en exceso.

◆ No sucede así con los congelados, que admiten maravillosamente su cocción en el microondas.

Col: La cocción en microondas de esta verdura es rápida y precisa de muy poco líquido: la proporción que puede servir de ejemplo es de 1 vasito de agua por cada 500 g.

◆ La col cocinada en el microondas conserva una consistencia ligeramente crujiente, que resulta deliciosa.

Coliflor: Para preparar la coliflor, retirar todas las hojas y la parte del tallo que sobresalga al contorno.

◆ Se envuelve entera en plástico adherente, perforando varias veces el envoltorio para facilitar el escape de vapor.

Elote: Está considerada como una de las especialidades del microondas, pues resulta muy cómodo cocinarlo y su sabor resulta sorprendentemente fresco.

◆ Pueden cocinarse tanto los granos sueltos como las mazorcas sin pelar.

Jitomate: Pueden cocinarse en microondas de todas las formas posibles: cortados en rodajas, molidos, enteros, en sofritos, rellenos, etc.

◆ El proceso es sumamente sencillo y conserva todas sus cualidades vitamínicas, además de un brillante color.

◆ Enteros presentan cierta firmeza, y quedan menos deshechos y descoloridos que cuando se cocinan por procedimientos convencionales.

Papa: El microondas es idóneo para cocinar papas de muchas maneras.

◆ Debe evitarse la fritura en gran cantidad de aceite, debido al riesgo que supone la falta de control de la temperatura de la grasa.

Pimiento: Deben elegirse pimientos que tengan la piel firme y brillante y trocearlos siempre que sea posible para unificar la cocción.

◆ En el microondas retienen una consistencia algo más crujiente que la que se logra por métodos tradicionales.

◆ Los pimientos rellenos deben someterse a una cocción previa sin el relleno, para ablandarlos.

◆ Para obtener una perfecta cocción, no olvidar cortar una rodaja de la parte superior y retirar el tallo, las simientes y los filamentos blanquecinos interiores. Posteriormente, lavarlos y disponerlos en una cazuela, con la parte cortada hacia abajo. Agregar 4 cucharadas de agua, cubrir y cocinar recolocando los pimientos una vez a lo largo del proceso, extraer y escurrir.

Verduras de hoja: Se cocinan muy fácil y rápidamente en el microondas, casi sin agua y conservando mejor las vitaminas y minerales.

◆ Deben cocinarse cubiertas, para ello puede utilizarse una cazuela de vidrio con tapa o cubrirlas con plástico adherente perforado.

◆ Aun así, el mejor método para cocinar estas verduras es la bolsa de asar, limpia y práctica, que admite introducir otros condimentos, conserva la humedad natural de la verdura y permite recoger el líquido de cocción, por si interesa incorporarlo a una salsa.

FRUTAS

A la hora de cocinar frutas en el microondas debe tenerse en cuenta la consistencia más o menos fuerte del fruto y su textura exterior.

Cítricos: Se pueden cocinar a la perfección en el microondas; además de conservar un aroma pronunciado, resultan más jugosos que cuando se preparan por métodos tradicionales.

◆ Para cocinarlos hay que perforar las membranas que envuelven los gajos, ya que pueden estallar por efecto del calor interno, o bien cortarlos en rodajas.

◆ Se recomienda retirar la capa blanquecina que se encuentra inmediatamente debajo de la cáscara; además de resultar indigesta, puede dificultar la cocción de estas frutas.

Damascos y duraznos: Resulta indispensable elegirlos en su punto ideal de madurez, lavarlos, secarlos y retirar los tallos.

◆ Para cocinarlos enteros, preparar previamente un almíbar con 100 g de azúcar, un vaso de agua y 1 cucharada de jugo de limón. Cocinarlos, cubiertos, durante 5 o 6 minutos en máxima potencia. Retirar del microondas y dejar entibiar o refrigerar.

Manzanas y membrillos: Este tipo de fruta se beneficia particularmente de la cocción en microondas.

◆ El resultado es una fruta tierna, traslúcida y con un maravilloso aroma.

◆ Cuando se cocina entera sin pelar, la piel tiende a quedar más tersa y firme que en la cocción convencional, aunque la pulpa resulta exquisita.

◆ Se recomienda practicar un corte transversal a este tipo de fruta para que no se resquebraje la piel.

◆ Si se van a rellenar, se puede depositar el relleno, que provoca una cocción poco uniforme, en un recipiente alrededor de las frutas y verterlo en el interior de la fruta a la hora de servir.

Peras: A pesar de que su contenido en agua es muy alto, las peras resultan más sabrosas cuando se escalfan o cuecen en un almíbar o en líquidos tales como la sidra y el vino.

◆ Para su preparación, se aconseja pelarlas y sumergir la pulpa, troceada o no, en agua acidulada suficiente para cubrirla (por cada 1/2 litro de agua 2 cucharadas de jugo de limón); de esta forma se evita que se ennegrezcan por efecto de la oxidación.

◆ Las peras deben cocinarse siempre cubiertas.

Plátanos: Pueden cocinarse en microondas de muchas formas, incluso sin pelar.

◆ La piel de esta fruta preserva su humedad y hace innecesario cubrirlos durante la cocción.

◆ Si se dispone de ella, puede emplearse la bandeja de dorar, que proporciona a los plátanos pelados un agradable color. Poner un pegotito de mantequilla y cocinar a máxima potencia.

◆ Para flamear: el licor elegido se calienta en la máxima potencia durante 15 segundos; se retira del microondas, se vierte sobre los plátanos y se le acerca la llama.

PASTA

El microondas no parece, a primera vista, ser la mejor forma de cocer pasta, pues ésta necesita agua en abundancia y el microondas se distingue, entre otras cosas, por cocinar con cantidades muy reducidas de líquido. Aún así, algunas pastas pueden cocinarse en el microondas con relativamente poca agua o sólo con su salsa. La cuestión consiste en que la pasta tenga humedad suficiente que absorber, para que quede flexible. Sin embargo, es preciso vigilar ese punto y evitar que la pasta se cueza en exceso o quede pegada.

◆ Se deben elegir recipientes profundos, de modo que el agua hirviendo no llegue nunca a salpicar el horno.

◆ La ventaja principal de cocer pasta en el microondas es su limpieza, ya que ni la cocina ni el microondas corren peligro de ensuciarse.

ARROZ

Aunque resulta algo más breve que la cocción tradicional, el proceso de cocinar arroz en microondas no representa un gran ahorro de tiempo. Sin embargo, los resultados son excelentes pues el grano se mantiene suelto.

◆ Siempre que la receta lo admita, es preferible emplear un volumen de líquido cuidadosamente medido y que, en general, supone el doble que el indicado para el arroz. El reposo completa la cocción y es recomendable realizarlo dentro del microondas, con el arroz siempre cubierto.

LEGUMBRES

Frijoles, garbanzos, lentejas y chícharos secos requieren, con muy pocas excepciones, un remojo previo a la cocción para rehidratarse. Este remojo puede acortarse sensiblemente con ayuda del microondas.

- Cubrir la legumbre con agua fría y llevar a ebullición, utilizando la máxima potencia del microondas. Cocer durante 2-3 minutos y dejar reposar en el mismo líquido de 1 a 1 1/2 horas. Escurrir y aclarar bien.

- Para la cocción en microondas, deben colocarse las legumbres en un recipiente suficientemente amplio, de modo que el líquido de cocción, al hervir, no rebose sus límites.

- No agregar sal en los primeros momentos, pues ello retrasa el ablandamiento de las legumbres y alarga el plazo de cocción.

MARISCOS

Almejas, chipi-chipi, chirlas: Estos moluscos se cocinan muy brevemente en el microondas. La mayor ventaja que puede implicar su uso para estas cocciones estriba en la limpieza de la operación.

- Lavar el marisco cuidadosamente, frotándolo bien, y disponerlo en una fuente formando una sola capa.

- Agregar media taza de agua. Cubrir la fuente con su tapa o con plástico adherente y perforar éste varias veces para que pueda escapar el vapor durante la cocción.

- Llevar al microondas y conectar la máxima potencia. Cocinar de 4 a 8 minutos por cada 500 g, revolviendo durante el proceso una vez.

- Dejar reposar 1 o 2 minutos antes de servir o retirar las valvas. Desechar aquellas piezas que no se hubieran abierto.

- Filtrar el caldo obtenido para eliminar la arena. Este jugo de cocción puede utilizarse en otros preparados como guisos, sopas, etc.

- También pueden cocerse utilizando bolsas de asar.

Camarones: Estos crustáceos pueden cocinarse de diversas formas en el microondas, teniendo en cuenta que si no son frescos deben estar descongelados.

En su propio jugo: poner los camarones entre dos platos, llevar al microondas y cocinar a máxima potencia 2 minutos por cada 200 g de peso.

Al vapor: colocarlos sobre la rejilla de una cazuela de cocción al vapor especial para microondas. Verter agua caliente en la parte inferior de la cazuela, cubrir y cocinar 2 minutos en máxima potencia.

Dorar en bandeja: si se trata de camarones pequeños, precalentar la bandeja en potencia máxima durante 7 minutos; aceitar los camarones y añadirlos. Dar unas vueltas y servir. No es preciso cocinar más. Si los camarones son grandes, calentar la bandeja durante 5 minutos, añadir el aceite y los camarones y cocinar en el microondas durante 30 segundos por cada lado.

Langostas: Si están vivas, deben sacrificarse primero, introduciendo la punta de un cuchillo en la cruz que presentan en la cabeza. Cortar con unas tijeras la parte inferior de la cáscara que recubre la cola y retirar los bordes, para dejar la parte inferior de la cola al descubierto.

◆ Introducir una brocheta de madera en la cola, por la parte más fina. Así se impide que durante la cocción se encoja.

◆ Colocar la langosta así preparada en una fuente de vidrio o material adecuado al microondas. Rociarla con media taza de agua salada y cubrir la fuente. Cocinar en máxima potencia en función del peso.

◆ El marisco puede enfriarse rápidamente tras la cocción, sumergiéndolo en agua helada y salada.

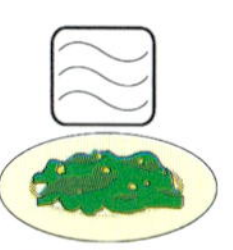

Mejillones, choros: En la cocción de este marisco en microondas no se observan diferencias notables de tiempo con otros métodos. Se trata de un proceso sencillo, práctico y limpio, aunque igual de rápido.

◆ Limpiar los mejillones raspándolos bien y aclarando en abundante agua corriente.

◆ Poner el marisco en un cuenco amplio o en una fuente honda. Agregar a los mejillones sus condimentos (jugo de limón, sal, ajo molido, etc.) y cubrirlos con plástico adherente perforado.

◆ Llevar al microondas y conectar la máxima potencia durante el tiempo indicado para cada caso. Revolver una vez a lo largo del proceso y extraer.

◆ Desechar las piezas que permanezcan cerradas. Asimismo, se puede dejar cada pieza con una de las valvas y servir con el jugo de cocción. Si se prefiere, este jugo puede filtrarse para agregarlo a cualquier guiso. Es posible aumentarlo agregando agua.

Ostiones: Este delicado y exquisito molusco se cocina muy bien con ayuda del microondas. Siempre que no se sobrepasen los tiempos de cocción, conserva su jugosidad.

◆ Colocar los ostiones cerrados en una fuente. Disponerlos como si fueran los radios de una rueda y cubrir la fuente con plástico adherente perforado.

◆ Llevar al microondas y cocinar en máxima potencia durante el tiempo estimado según la cantidad de ostiones. Extraer y servir. Como es lógico, retirar cualquier molusco que no se hubiese abierto.

◆ Si se desea incorporarlos a alguna preparación, retirar las valvas y emplear los moluscos, así como su líquido de cocción.

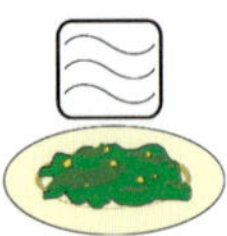

Técnicas de microondas

Pescados

Pescado entero: En su cocción ha de tenerse muy en cuenta la forma y el peso. Los pescados requieren cierta vigilancia: adoptar para su cocción tiempos mínimos e ir aumentándolos de minuto en minuto hasta lograr el punto deseado.

◆ La piel de algunos pescados puede romperse durante la cocción. Para evitarlo, hay que practicarle en crudo unos cortes.

◆ Disponer el pescado en una fuente. Barnizar con aceite o la grasa requerida. Proteger la cola y la cabeza con tiritas de papel de aluminio, cubrir y cocinar en máxima potencia durante el tiempo indicado según el peso. Dar vuelta o recolocar las piezas pequeñas y medianas a media cocción.

◆ Dejar reposar unos momentos el pescado, tapándolo. Salar o cubrir con salsa y servir de inmediato.

◆ Separar una pequeña parte del lomo del pescado para comprobar el punto de cocción. Si se despega de la raspa fácilmente, puede servirse.

Pescado en filetes: El espesor de los filetes de pescado, si bien muy variable en función de la pieza de la que se extrae, es un factor decisivo para determinar los tiempos de cocción.

◆ Los filetes de pescado pueden disponerse de varias formas en la fuente de cocción: superponiendo la parte más gruesa de cada filete sobre la más fina del anterior, doblando cada filete sobre sí mismo o bien colocándolos como si fuesen los radios de una rueda.

◆ Poner unos dados de mantequilla sobre los filetes o agregarles la salsa que requiera la receta. Cubrir con plástico adherente perforado y cocinar en máxima potencia.

◆ Dejar reposar unos minutos dentro o fuera del microondas, y comprobar el punto de cocción. Si fuera escaso (puede deberse al grosor de los filetes, por ejemplo), aumentarlo de minuto en minuto, comprobando cada vez y dejándolo reposar.

Pescado en rodajas: Los tiempos de cocción de estos cortes pueden variar sensiblemente en función de su grosor.

◆ Disponer las rodajas en una fuente, con las partes más

finas de las mismas hacia el centro del recipiente.

◆ Con ayuda de una brocha de cocina, barnizar el pescado con aceite o mantequilla derretida. Cubrir la fuente con su tapa o con plástico adherente, llevar al microondas y cocinar en máxima potencia.

◆ A media cocción, en especial si las rodajas son muy gruesas, puede dárseles una vuelta, salpimentar y dejar reposar. Comprobar el punto de cocción separando con un tenedor el pescado en la zona cercana a la espina.

CARNES

Albóndigas: Las recetas a base de carnes molidas pueden elaborarse muy sencilla y rápidamente en el microondas; sólo es necesario seguir algunas indicaciones.

En bandeja de dorar: precalentar en máxima potencia durante 7 minutos. Agregar el aceite y dorar las albóndigas, dándoles varias vueltas. Seguir cocinando en máxima potencia, revolviendo una vez y dejar reposar.

◆ Cuando se cocinan en una fuente, deben cubrirse para su cocción con plástico adherente o con papel encerado.

◆ Cuando hayan de cocinarse con salsa, se aconseja acortar a la mitad el tiempo indicado, agregar la salsa y completar la cocción.

Carne en dados: Esta modalidad, así como la de la carne cortada en tiras, puede cocinarse en el microondas con gran ahorro de tiempo frente al método tradicional. Es preciso distinguir, sin embargo, entre carnes tiernas y carnes duras. Los tiempos y métodos de cocción deben adaptarse a la calidad de la carne para que el proceso sea correcto y conseguir un buen resultado.

◆ Suele recomendarse, para cocinar en microondas carnes tiernas, el empleo de la máxima potencia. Las carnes menos tiernas o manifiestamente duras requieren el uso de la potencia media (50-60 %) durante un tiempo más prolongado, aunque siempre menor que en la cocina tradicional.

◆ Por otra parte, es aconsejable la utilización de la bandeja de dorar: permite rehogar las carnes, preparar un sofrito y cocinar con todos los ingredientes sin necesidad de ensuciar otro menaje.

Carne para asar (piezas enteras): En la cocción de estos cortes, de tamaño mediano y grande, hay

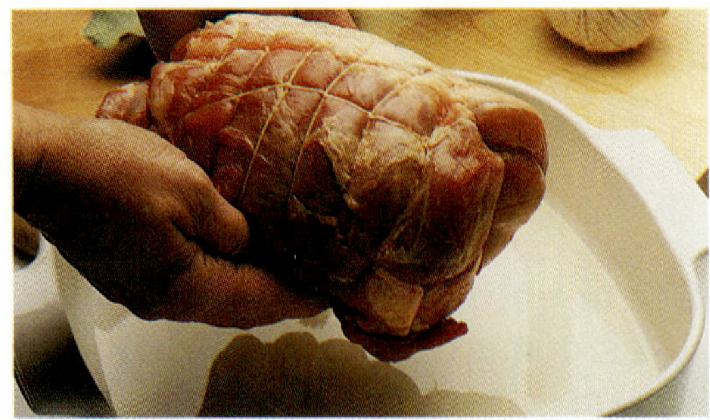

que distinguir entre las piezas que incluyen hueso y las que no, bien sea por carecer naturalmente de él o por estar deshuesadas y atadas.

◆ Una pieza atada es lo más aconsejable ya que presenta formas regulares que facilitan el reparto de las microondas y producen una cocción uniforme. En las piezas que no puedan igualarse y presenten huesos o extremos finos, protegerlos con lámina de aluminio.

◆ El reposo completa la cocción. Cubrir la pieza, dejarla reposar y comprobar el punto por el color de su jugo al pincharla. Para ciertas carnes tiernas, como las de res joven, se recomienda emplear la potencia media (50 %). El color puede realzarse utilizando bandeja de dorar o un dorado previo en sartén convencional.

Chuletas y filetes: Para lograr una cocción correcta y apetitosa de estos cortes, se aconseja utilizar la bandeja de dorar.

◆ Siempre que vayan a cocinarse chuletas y filetes en la bandeja, se recomienda precalentarla durante 7 minutos en máxima potencia: el dorado es perfecto y la cocción más breve, en beneficio de estas carnes tiernas.

◆ Una vez precalentada la bandeja, engrasar con aceite las piezas que vayan a cocinarse. El aceite también puede agregarse a la bandeja caliente.

◆ Incorporar los filetes o chuletas a la bandeja y apretarlos con ayuda de una espátula, para que se establezca el mayor contacto posible entre la carne y la superficie caliente. Introducir en el microondas y cocinar a máxima potencia; a mitad del proceso, dar la vuelta. Comprobar el punto haciendo un corte en una zona gruesa. Cocinar más, si es preciso, de 30 en 30 segundos.

Hamburguesas: Tienen un poderoso aliado en el microondas, que las descongela y cocina en una misma operación. Pueden utilizarse dos sistemas:

Bandeja de dorar o rejilla: como norma general, debe precalentarse de 5 a 7 minutos, con la bandeja destapada y a continuación cocinar las hamburguesas, cubriéndolas para evitar salpicaduras durante la cocción.

Plato: simplifica la limpieza y sólo requiere cubrirlas para evitar salpicaduras. Recién extraída del microondas, la hamburguesa presenta un color grisáceo que desaparece tras unos momentos de reposo.

Menudos: Higadillos, mollejas, sesos, riñones y otros alimentos similares requieren una cocción atenta en microondas. Tras una cuidadosa limpieza (en especial deben retirarse o perforarse las membranas que los envuelven) han de cocinarse prestando esencial atención a los tiempos mínimos y comprobando el estado del alimento. Cualquier exceso en la cocción puede ocasionar sequedad y endurecimiento.

◆ En el grupo de los menudos tales como corazones, lenguas, mondongos, etc., recordar que una larga cocción en máxima potencia no da buenos resultados. Se recomienda, por el contrario, la cocción al 30 %, aunque ello alargue el proceso. En el caso del mondongo, por lo demás, debe completarse la primera cocción en microondas con otra por el método tradicional.

Salchichas y beicon: Estos dos alimentos, muy frecuentes en cualquier cocina, pueden prepararse fácil, limpia y rápidamente en microondas. En cuanto a las salchichas, pueden adoptarse para su cocción dos métodos:

En bandeja de dorar: precalentada en máxima potencia 5-7 minutos y añadiéndole un poco de aceite. Es aconsejable practicar unos cortes a las salchichas antes de agregarlas a la bandeja, para evitar que la piel reviente durante la cocción.

En fuente: con 1/2 taza de agua por cada 6-8 salchichas. Pinchar la piel de éstas antes de comenzar la cocción.

◆ Por otra parte, es posible calentar las salchichas ya cocinadas dentro de los panecillos especiales para ellas. Tan sólo deben envolverse en una servilleta de papel y calentarse en máxima potencia durante 1 minuto. Agregar la salsa ya fuera del microondas.

◆ El beicon, por su parte, puede cocinarse de dos formas: sobre rejilla o dentro de una bandeja y envuelto en papel absorbente.

AVES Y CAZA

Aves enteras: Si bien se recomienda que su peso no sea superior a los 3 kg, las aves pueden cocinarse enteras en el microondas con deliciosos resultados. El proceso resulta más rápido que en cocina convencional. La cocción de estos alimentos en microondas puede llevarse a cabo por varios métodos:

Bandeja de dorar: proporciona un agradable color al ave y facilita también la cocción prolongada al disponer de tapa. Debe proveerse de rejilla con el fin de que el ave no esté en contacto con su propia grasa.

Fuente de vidrio u otro material adecuado al microondas: la falta de color dorado puede compensarse con el uso de agentes colorantes (salsas oscuras, doradores para microondas, etc.).

Bolsa de asar: se suelen incorporar otros condimentos. Es recomendable colocar la bolsa sobre una fuente para evitar manchas. Al finalizar el proceso, resulta fácil reunir los líquidos de cocción para confeccionar una salsa.

Aves troceadas: Se trata de un alimento que se cocina a la perfección en microondas. El proceso es rápido y limpio, y el resultado muy sabroso. Debe tenerse en cuenta, sin embargo, el tipo de ave que se va a cocinar: unas codornices de granja, por ejemplo, requieren menor tiempo de cocción que las de campo. Adóptese para estas últimas, como para cualquier alimento procedente de la caza, la cocción al 70 % de potencia, que es sólo un poco más prolongada pero da mejores resultados con las aves no muy tiernas.

◆ Para colorear las piezas, si se desea hacer, puede emplearse la bandeja de dorar o cualquier agente colorante. Una forma deliciosa es preparar un adobo colorante y cocinar las piezas en él. Durante la cocción, es preciso revolver una o dos veces las piezas y recolocarlas cambiándolas de posición.

◆ Dejar reposar las piezas durante el tiempo indicado, una vez cocinadas. El reposo completa la cocción y el punto deberá comprobarse siempre después de haber dejado reposar el plato cubierto.

Conejo entero: Aunque no es el sistema más usual, sí es posible cocinar un conejo entero en el microondas.

◆ Cuando la pieza se ha sometido a un adobo, no hay inconveniente alguno en cocinarla entera en microondas.

◆ Hay que tomar determinadas precauciones con este tipo de piezas: los extremos de las patas, por los que suele asomar el hueso, requieren protección con una lámina de aluminio. De esta forma se evita que se resequen y cocinen en exceso, mientras que el resto aún está crudo.

◆ La forma alargada y fina de un conejo entero es rápidamente penetrada por las microondas. Por esta causa resulta preferible recurrir a la cocción lenta y suave (al 50 % de potencia) tras una primera cocción muy breve a máxima potencia. En especial, este método es el más aconsejable para cocinar conejos de campo.

Conejo troceado: Es la forma ideal de cocinar este alimento en el microondas. El volumen relativamente pequeño de las piezas hace que la cocción sea más rápida y perfecta que cuando se cocina entero.

◆ Debe procurarse que las piezas sean de un tamaño parecido. Al disponerlas en el recipiente de cocción, se recomienda situar las zonas más carnosas de cada pieza hacia el exterior. Como es natural, esta precaución no es necesaria para las piezas que vayan a dorarse en bandeja.

◆ Cuando no se disponga de bandeja y se desee dar un color atractivo a las piezas de conejo, pueden barnizarse antes de la cocción con cualquier agente colorante, incluso el propio adobo del conejo.

HUEVOS

Parece difícil encontrar otro ingrediente que reúna tantas aplicaciones en cocina, que esté disponible en cualquier época del año, que guste a todo el mundo y que sea tan nutritivo y económico.

◆ Tanto al cocinar los huevos tradicionalmente como en el

Técnicas de microondas

microondas, se aconseja cascarlos de uno en uno, para poder comprobar si están en buenas condiciones de frescura.

Huevos duros: La experiencia viene señalando que los huevos no deben cocerse en sus cáscaras si el proceso se lleva a cabo en el microondas, pues pueden llegar a explotar, aunque pueden adoptarse ciertas medidas para evitarlo. De hecho, es posible cocer huevos duros en microondas, si bien los tiempos pueden sufrir variaciones debidas a factores tales como la frescura, la temperatura, el tamaño de los huevos y también el punto de cocción.

◆ Colocar cada huevo, sin cáscara, en una taza o cuenco (no más de 4 cada vez), conectar durante 15 segundos y dejar reposar unos segundos. Repetir la operación hasta que estén duros.

Huevos escalfados: La práctica recomendada de perforar las yemas antes de cocinar los huevos en el microondas, para evitar que estalle la membrana por efecto del calor, no debe eliminarse aunque éste disponga de plato giratorio o difusor de microondas, con los que el alimento recibe la energía mejor repartida.

◆ En una fuente plana o un plato, poner 3 cucharadas de agua caliente y 1 1/2 cucharaditas de vinagre. Llevar la fuente al microondas y conectar la máxima potencia hasta que el líquido hierva. Cascar un huevo en una taza o cuenco. Depositarlo en la fuente, cubrir y cocinar de 45 segundos a 1 minuto, en función de que se prefiera más o menos cuajada la yema. Dejar reposar 1 minuto, siempre cubierto, y retirar el huevo de la fuente.

◆ Cuando se trate de más de un huevo, se recomienda escalfarlos de uno en uno en el mismo recipiente o bien hacerlo simultáneamente en varios recipientes pequeños. De esta forma, se obtienen resultados más uniformes que escalfando varios huevos en el mismo recipiente.

Huevos revueltos: Se cocinan muy sencillamente en el microondas y resulta fácil darles el punto justo.

◆ Cascar el o los huevos en un recipiente o cuenco, salpimentarlos y batirlos. Introducirlo en el microondas y conectar la máxima potencia en función del número de huevos de que conste el revuelto.

◆ Extraer el cuenco del microondas. Si se observa que la parte exterior de la mezcla comienza a estar firme y a subir, revolver a fondo y mezclar las zonas cuajadas y mates con las que están aún brillantes.

◆ Llevar de nuevo el cuenco al microondas y cocinar de 1 a 2 minutos más, en función del punto de cuajado que se prefiera. De cualquier forma, es preciso retirar el cuenco cuando su contenido aún está húmedo y brillante.

◆ Puede dejarse reposar el revuelto durante 1-2 minutos. Si al cabo de ese tiempo se observa que no alcanza el punto deseado, cocinar durante 1 minuto más.

◆ También se pueden asar huevos en el microondas con buen resultado, siempre que se utilice la bandeja de dorar y se pinche la yema.

Omelettes: Al elaborarlas en el microondas quedan algo más firmes que en la sartén. Por otra parte, aunque carecen del agradable color dorado, su aspecto mate y su sabor resultan muy apetitosos.

◆ Poner mantequilla a derretir en un plato o fuente baja. Llevar al microondas y cocinar en máxima potencia hasta que se funda.

◆ Agregar el o los huevos batidos y salpimentados, con el ingrediente complementario que exija la receta (finas hierbas, jamón o queso molidos, etc.).

◆ Extraer y revolver el contenido del plato para que el centro, menos cuajado, esté en contacto con los bordes de la fuente. Cocinar de nuevo hasta que la omelette quede al gusto personal. Doblar y servir. En cuanto a las omelettes de papa, se recomienda cuajarlas por métodos tradicionales.

Repostería

Se puede hacer repostería en el microondas con buenos resultados, aunque se deben tener en cuenta algunos detalles importantes.

◆ Ciertas recetas de repostería, que precisan una alta temperatura en el horno, no pueden ser elaboradas en el microondas, pues en la cavidad del aparato no hay aire caliente. Es el caso de los bizcochos esponjosos y bollos con corteza crujiente.

◆ Los flanes y budines se adaptan perfectamente al microondas y su tiempo de cocción es cortísimo.

◆ Para asegurarse de que los flanes, budines, bizcochos, etc. están bien cocidos, pínchelos con un palillo o brocheta, que tendrá que salir completamente limpio.

◆ La forma de los moldes es asimismo importante. Los mejores son los de corona o anillo, pues las microondas se reparten de forma regular y producen cocciones homogéneas.

◆ Los moldes redondos no deben pasar de un diámetro superior a los 22 cm.

◆ Los bizcochos elaborados en el microondas adquieren mayor volumen que los convencionales durante la cocción. Por lo que debe evitarse llenar los moldes a más de la mitad de su capacidad. Al finalizar la cocción de los bizcochos en el microondas comprobará que el color le quedará pálido; esto puede solucionarlo cubriéndolos con mermelada, chocolate, etc.

◆ Para que las tartaletas de masa quebrada salgan con buen color en el microondas sólo tiene que pincelarlas con caramelo líquido antes de cocinarlas.

◆ Cuando elabore una receta de repostería en microondas, extraiga el preparado cuando todavía presente una superficie algo húmeda y déjelo reposar unos minutos, para que termine de cocerse.

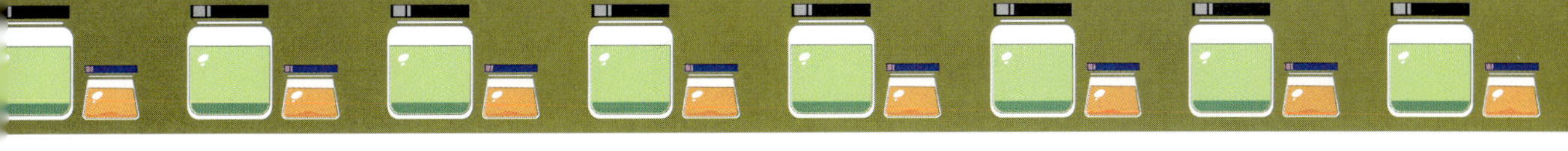

Técnicas de conservación

Conservas

Salazones

Ahumados

◆

Deshidratados

Introducción

La conservación ha sido desde siempre uno de los grandes retos para el almacenamiento de los alimentos. Éstos, en la mayoría de los casos, suelen durar poco tiempo en óptimo estado, y requieren de un tratamiento especial. En la actualidad se conocen múltiples sistemas de conservación de alimentos para poder mantenerlos en perfectas condiciones, muchos de los cuales se practican desde la Antigüedad. Los procedimientos de conservación son numerosos, y cien por cien efectivos si se aplican adecuadamente. Para conservarlos, es importante elegir alimentos frescos. Si son de temporada, seguramente podremos conseguirlos a mejor precio.

En este capítulo daremos algunas pautas sencillas y eficaces para la realización de conservas, salazones, ahumados y deshidratados que nos ayudarán a prolongar la duración de los alimentos.

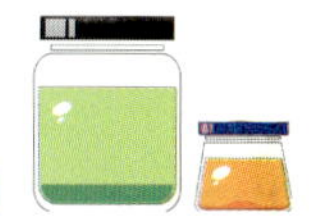

CONSERVAS

La fórmula básica de la conserva consiste en la esterilización del alimento y su posterior almacenamiento en recipientes herméticos llenos de líquido, lo que favorecerá su buena conservación, bien por tratarse de materia grasa, o por ser líquidos que contengan productos esterilizadores. Este tipo de conservación puede ser casera o industrial.

◆ Las conservas esterilizadas son las más comunes, encontrándose todo tipo de productos en su versión industrial.

◆ Para la realización de conservas caseras, es necesario tomar algunas precauciones, pues si la esterilización no es perfecta, nos arriesgamos a que se formen bacilos botúlicos, que pueden producir intoxicaciones de gravísimas consecuencias.

◆ A continuación, damos unas ideas y consejos a seguir para la realización de sus conservas.

• Los tarros a utilizar para las conservas deben ser de cierre hermético, bien de rosca o con cierre de palanca.

• Los envases deben ser de cristal y estar previamente esterilizados, hirviéndolos con las tapaderas durante 5 minutos. Escurrirlos muy bien y llenarlos con el producto a conservar preferiblemente cuando aún estén templados.

• Una vez que los tarros estén llenos, taparlos ligeramente para que al cocer pueda salir el vapor y formar el vacío.

Técnicas de conservación

- A continuación, colocar en el fondo de una olla profunda un trapo o varias hojas de periódicos. Colocar los tarros sobre él y cubrir con agua fría hasta las tapas. Una vez que el agua comience a hervir, dejar unos 15-20 minutos, dependiendo del tipo de alimento que esté cocinando.

- Cuando la conserva esté hecha, sacar los tarros de la olla con ayuda de unas pinzas y apretar las tapas lo más posible. Secar bien, etiquetarlos con los nombres correspondientes y guardar en lugar fresco y oscuro hasta su utilización.

- Para realizar frutas en conserva, se escogerá una fruta que se pueda macerar durante unas horas previas a la cocción con su mismo peso en azúcar. Posteriormente se cuecen en su propio jugo hasta alcanzar el punto.

- Para que las mermeladas queden con una consistencia espesa y adecuada, es aconsejable utilizar peptina y unas gotas de jugo de limón. Si no se dispone de peptina, dan buen resultado las pieles y las semillas de las manzanas ya que la contienen en gran cantidad. Pueden ponerse a cocer con la preparación, envueltas en una gasa o muselina para poder retirarlas cómodamente.

- El termómetro es el utensilio más exacto para indicar el punto de una mermelada o confitura. Cuando registra los 100ºC dentro de la preparación, el punto es el ideal.

• Otra manera muy común de conservar alimentos es en aceite o en escabeche. Para este último caso, tanto los recipientes como las tapas deberán ser resistentes al vinagre, pues éste corroe el metal y se dañaría el escabeche.

A continuación, damos algunas recetas de los distintos grupos de alimentos, de modo que siguiendo las indicaciones de una, pueda preparar otras de forma similar.

CONSERVA DE JITOMATE

1 kg de jitomates pequeños
El jugo de 1 limón
1 cucharada de sal

1 1/4 l de agua
250 g de aceitunas negras
1 manojo de albahaca fresca

Escaldar los jitomates durante unos segundos en agua hirviendo, retirar del agua y pelar. A continuación, colocar en frascos de cristal, completamente limpios y secos, alternándolos con las aceitunas negras y las hojas de albahaca fresca. Poner en un cazo el agua con la sal y el jugo de limón. Dar un hervor, dejar templar y cubrir con ello los jitomates. Tapar los frascos y esterilizar cociéndolos al baño María. Si se cuecen en una olla a presión, necesitarán 5 minutos desde que coja presión; en una olla normal 30 minutos. Una vez que se almacenen los frascos, esperar durante 1 mes como mínimo antes de utilizar.

LOMO EN ACEITE CON HIERBAS

1 kg de lomo de puerco fresco
1 cucharadita de orégano molido
1 cucharadita de pimentón dulce
1 cucharadita de matalahuga (semillas de anís) molida

1 clavo de olor
1 hoja de laurel
Aceite de oliva
Sal
Pimienta negra molida

Lavar y secar el lomo con un paño limpio o con papel absorbente. Cortar en trozos grandes y colocar en un cuenco de loza o cristal. Poner en un recipiente el orégano, el pimentón, la matalahuga, el clavo de olor, la hoja de laurel desmenuzada, la sal y la pimienta. Mezclar todo bien y añadir una cucharada de aceite. Trabajar bien e incorporar a la carne. Cubrir con agua y dejar en esta maceración durante 24 horas.

Pasado el tiempo de maceración, escurrir la carne, secándola ligeramente con una servilleta de papel. Calentar abundante aceite de oliva en una sartén honda y freír la carne revolviéndola de vez en cuando. Cuando los trozos estén fritos, se dejan enfriar y se envasan en una vasija de barro o en frascos de cristal. Se cubren con aceite, manteniéndolos así unos 8 días como mínimo antes de consumir.

MEJILLONES EN ESCABECHE

2 1/2 kg de mejillones
350 ml de aceite de oliva
8 dientes de ajo
3 hojas de laurel

1 cucharadita de pimentón dulce
1/2 cucharadita de pimentón picante
6 cucharadas de vinagre de vino

Poner en una sartén el aceite con los dientes de ajo pelados y fileteados en sentido longitudinal. Acercar al fuego y cuando los ajos comiencen a dorarse, incorporar las hojas de laurel.
Apartar la sartén del fuego e incorporar las dos clases de pimentón, revolver rápidamente para que el pimentón no se queme y añadir el vinagre. Dejar enfriar.

Lavar los mejillones muy bien y ponerlos en una cazuela al fuego. Tapar y dejar hasta que se abran. Retirar del fuego y cuando pierdan el exceso de calor, desechar las valvas y poner los mejillones en frascos de cristal, cubriéndolos a continuación con el escabeche.
Esterilizar y almacenar siguiendo el mismo procedimiento que para las otras conservas.

Técnicas de conservación

En el caso de hacer mermelada, debemos tener las frutas limpias, troceadas y puestas a macerar durante un mínimo de 12 horas junto con azúcar. A continuación, pasar a una olla y cocer durante unos 50 minutos, hasta obtener un puré con trocitos de frutas.

◆ Otro método es cocer la fruta con agua hasta que esté tierna, hacerla puré, pesarla y agregar la misma cantidad de azúcar. Cocer durante 15 o 20 minutos, revolviendo hasta obtener un buen asentamiento.

◆ Si lo que se desea preparar es fruta en almíbar, ésta se pela y se escalda primero para luego envasarla en los frascos.

KIWIS EN ALMÍBAR

1 kg de kiwis
250 ml de agua
500 g de azúcar

El jugo de 1 limón
Clavos de olor
Astillas de canela

Pelar los kiwis y cortarlos a lo largo en cuatro trozos. Poner en una cazuela con el agua, la mitad del azúcar y el jugo de limón, y cocinar durante 5 minutos. Retirar del fuego, escurrir los trozos de kiwi y reservarlos en un cuenco grande. Incorporar el resto del azúcar a la cazuela y continuar la cocción hasta conseguir un almíbar ligero. Verter el almíbar sobre los kiwis y dejar macerar tapados durante 24 horas.

Pasado este tiempo, repartir los kiwis en frascos de cristal. Poner 2 clavos de olor y una astilla de canela en cada uno. Hervir de nuevo el almíbar y cubrir con él los kiwis. Dejar enfriar, tapar y esterilizar, cociendo los frascos bien tapados en una olla con agua hirviendo durante 30 minutos y dejándolos enfriar dentro de la olla. Cerrar herméticamente, etiquetar y almacenar en un lugar fresco durante 1 mes antes de utilizarlos.

SALAZONES

Este procedimiento se aplica principalmente al puerco y a los pescados, y para su realización se utiliza sal seca o salmuera. En algunos casos, el proceso se complementa con el de ahumado. Mediante este procedimiento se consigue que la sal absorba el líquido de los alimentos y éstos se desequen, impidiendo así su deterioro.

◆ Los ejemplos más característicos de este tipo de procesos son: las anchoas, los salmones, el bacalao y el jamón. Las anchoas se limpian bien y se dejan macerar en sal seca durante un período que oscila entre 6 y 9 meses. Posteriormente, es necesario desalarlas para su consumo. En algunos casos, se complementa la conserva manteniendo el pescado en aceite. Los salmones, anguilas, arenques y similares se salan con salmuera y se ahuman.

◆ El bacalao se abre
por la mitad,
se escama, se le
quitan las espinas y
se deja, durante un
mínimo de
un mes, entre dos
capas de sal con
anhídrido sulfuroso.

◆ El jamón se sala
en saladeros
especiales, y
se completa su
curación en
secaderos,
con unas
características
muy particulares
en cuanto a
temperatura y
humedad.

AHUMADOS

Este procedimiento consiste en favorecer la desecación por una exposición prolongada al humo de madera, especialmente el de maderas duras. Se utiliza el humo ya que por sus componentes orgánicos –creosota, formaldehído y fenoles– ejerce una acción bactericida que evita el desarrollo de microorganismos en este tipo de alimentos y también inhibe la oxidación de las grasas. Por otra parte, esta acción produce agradables efectos en el color, olor y sabor de los alimentos.

◆ Usualmente el ahumado va asociado con otros procedimientos de conservación; se suele mezclar con los efectos de la salazón y de la desecación. En general los alimentos en los que más se emplea el ahumado son carnes y pescados. Puede ahumarse carne de puerco, de mamón (cecina) y pescados como anguilas, salmones, arenques, truchas, etc. También se emplea este procedimiento para ahumar algunos quesos y embutidos.

◆ Donde más se acostumbra a utilizar el ahumado de los alimentos, como método de conservación, es en el norte de Europa y en América.

DESHIDRATADOS

Este es otro procedimiento de conservación de los alimentos mediante el cual se elimina el agua de los tejidos hasta un nivel en el que se le protege de enzimas y microorganismos, evitando así su fermentación y putrefacción. Este método se utiliza sobre todo con diversas frutas, frutos secos, hongos, hierbas aromáticas y también con ciertas legumbres.

◆ La deshidratación es considerada la forma más rápida, sencilla y económica de conservar alimentos. Permite procesar productos sanos y nutritivos a bajo costo, sin pérdida de sabor, olor, color y características naturales.

◆ Todas las técnicas de deshidratación están basadas en la absorción del agua, bien por evaporación o sublimación. El producto puede secarse mediante calor solar o artificial, por tanto el secado de los alimentos se puede hacer en casa manteniéndolos colgados y al aire. Las desventajas que debemos tener en cuenta si hacemos el secado al aire son el polvo, los insectos o la contaminación atmosférica. Por estos motivos se recomienda tener el alimento cubierto para además protegerlo de la acción directa del sol. Hay que

recordar que si se seca demasiado el producto, éste se vuelve quebradizo y se rompe.

◆ Con este tipo de conservación, los alimentos no pierden propiedades ni sabor y quedan protegidos de posibles bacterias y gérmenes. Así conseguimos tener el alimento en estado fresco durante mucho más tiempo. Dependiendo de las condiciones del clima y la humedad, el tiempo del secado puede ser variable.

Hierbas, especias y otros condimentos

Las hierbas

◆

Las especias

◆

Chiles, ajíes y pimientos

◆

Otros condimentos

Introducción

Desde tiempos muy remotos la humanidad utiliza hierbas, especias y condimentos muy diversos para numerosos fines. Durante mucho tiempo algunos condimentos, como por ejemplo la sal, fueron los únicos recursos de los que se disponía para la conservación de alimentos. También se han utilizado hierbas para elaborar infusiones mitigadoras de dolores e incluso para la preparación de pociones mágicas. En este capítulo no son éstos los usos que especificaremos, sino otros, no menos transcendentes, como son sus aplicaciones culinarias. Las hierbas y las especias ayudan a realzar los sabores de muchos alimentos y a condimentar gran variedad de recetas. Todo ello con la gran ventaja de que las podemos obtener en cualquier época del año y están al alcance de cualquier presupuesto.

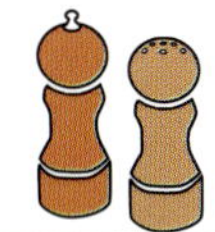

Hierbas, especias y otros condimentos

LAS HIERBAS

Como norma general, las hierbas y especias deben utilizarse lo más frescas posible, de modo que conserven su aroma y sus propiedades. Esto significa que no resulta conveniente almacenarlas de modo indefinido o descuidado. Muchas especias, en particular las que son simientes, llegan a nosotros ya desecadas. Preferiblemente se emplearán recién molidas o en grano, mejor que en polvo. El envase hermético es fundamental para guardar hierbas y especias entre un uso y otro.

◆ Si se desea guardar las hierbas troceadas o en polvo, se separan los tallos de las hojas una vez secas y se desmenuzan sobre un papel o un cuenco. Luego se envasan. Esta operación resulta muy fácil cuando la hierba está bien seca, para lo cual los plazos son muy variables; algunas requieren semanas.

◆ Para reducir a polvo más fino las hierbas desmenuzadas, pueden picarse en un triturador de hierbas o, si no se dispone de este accesorio, en un molinillo de café. Antes y después de utilizarlo, de-be limpiarse y pasarle un paño con unas gotas de jugo de limón, para eliminar cualquier resto de aroma a café o a hierbas.

◆ En la cocina, las partes delicadas de las hierbas como las hojas y flores se clasifican como hierbas, mientras que los extractos aromáticos secos, semillas y raíces se conocen como especias. El secreto de la cocina está muchas veces en saber emplear la cantidad exacta de condimentos, sin cargar demasiado los alimentos. Estos productos han contribuido a la mejora de sabores en la cocina y a la conservación de los alimentos a lo largo de los siglos. Enumeraremos los principales y sus características y aplicaciones más importantes.

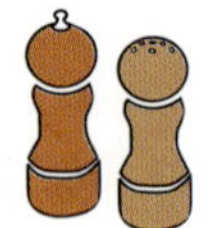

Hierbas, especias y otros condimentos

ABRÓTANO: Pequeño arbusto con cierto aroma a limón y pino. Combina estupendamente con carnes rojas y algunos pescados como el salmón o la caballa. Su perfume realza el sabor de los platos.

AJEDREA: Es una planta nativa de la cuenca mediterránea. Se utilizan sus hojas, frescas o secas, para condimentar pescados a la parrilla, sopas, ensaladas y huevos. Otra de sus aplicaciones es el aliño de aceitunas. Existen dos variedades de ajedrea: la de invierno, que posee un aroma a menta más acentuado, y la de verano.

ALBAHACA: Sus hojas se utilizan para platos preparados con jitomate, para platos de pasta, ensaladas, carnes de todo tipo, terrinas y patés. Es el ingrediente básico de la salsa italiana *pesto*, mezcla de albahaca, aceite, ajo, piñones y queso, con la que se condimentan varias clases de pasta. Tiene un sabor muy fuerte, por lo que se debe emplear con cierta precaución.

AJO: El uso de esta liliácea abarca una amplia serie de platos salados. Proporciona un delicioso sabor en guisos de hortalizas, carnes y pescados. Normalmente se utilizan sólo unos pocos dientes a la vez, porque el sabor es fuerte. También se puede adquirir en polvo.

ALCARAVEA: Posee importantes usos medicinales para la gripe, la flatulencia, los cólicos y para estimular el flujo de leche de las madres. En la cocina se usa en el agua para hervir verduras o legumbres y también en quesos.

APIO: De esta planta se utilizan los tallos frescos, las hojas, frescas o desecadas, y las semillas que,

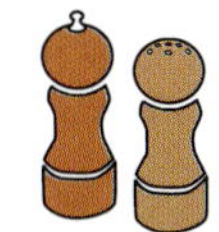

reducidas a polvo, aromatizan sales preparadas. Muy indicado para sopas, guisos y también como verdura, debido a sus propiedades diuréticas.

BERGAMOTA: Es una planta con flores muy llamativas con forma de plumero y de color violeta y rojo. Se usa en ensaladas y en platos de aves y carnes. Por su sabor cítrico, combina muy bien con otras frutas como el kiwi, el melón o la papaya. Da también un aroma y sabor exquisito al té.

CEBOLLINO: Es una planta de la misma familia que la cebolla, pero de la que se utilizan sólo los tallos, que son finos, huecos y de forma cilíndrica, con un aroma parecido al de la cebolla. Puede encontrarse fresco o seco. Sus principales aplicaciones en cocina se centran en sopas, entremeses, ensaladas y huevos. Es posible cultivar esta planta en una maceta y recolectar las porciones de tallos que se requieran.

CHALOTA: También denominado chalote, escaloña o escalonia, es otro miembro de la familia de la cebolla cuyos bulbos, parecidos a dientes de ajo pero de mayor tamaño, proporcionan un sabor algo más fino que el del ajo y más acentuado que el de la cebolla. Existen variedades de piel gris, rosa o dorada. Las aplicaciones de la chalota en cocina son casi las mismas que las de la cebolla: ensaladas, salsas, sofritos, sopas, etc., recetas procedentes, en su mayoría, de la cocina francesa, donde se ha consagrado el uso de la chalota.

CULANTRO: Parecido al perejil, el culantro, cilantro o coriandro es de la misma familia. Las hojas frescas son el principal ingrediente del famoso «mojo verde» canario y tienen varias aplicaciones, similares a las del perifollo o perejil rizado. Las semillas entran en la preparación del curry y aromatizan ciertas bebidas

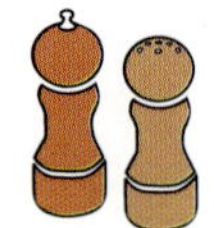

alcohólicas. Muy utilizada como hierba medicinal. Es buena para la digestión, los cólicos, la flatulencia y también para el reuma y las articulaciones.

ENEBRO: El enebro es un arbusto de la familia de los cipreses que ha tenido utilización en cocina y en medicina popular desde tiempos muy remotos. Sus frutos o bayas, las nebrinas, se emplean como condimento de la carne de puerco, caza y, en general, carnes rojas. Entra también en la preparación de la *chucrut*, ciertos adobos y conservas y como aromatizante de la ginebra. Usualmente, las bayas de enebro pueden adquirirse secas y deben almacenarse en frascos herméticos, con objeto de que la humedad ambiental no las deteriore.

ENELDO: Es una planta anual, perteneciente a la familia de las umbelíferas procedente del sur de Europa y Asia. Su raíz es larga y sutil y su tallo erecto. Los frutos se utilizan como condimento y las semillas tienen pro-

piedades medicinales. Es rico en sales minerales y un buen sustituto de la sal común. Se usa para aromatizar el vinagre y se emplea en platos de pescados, ensaladas o salsas. También puede utilizarse para postres.

ESTRAGÓN: Se conocen dos especies de estragón: el francés y el ruso. El más aromático y apreciado es el primero. En algunas salsas, como la bearnesa o la holandesa, el estragón resulta insustituible. Se emplea asimismo en platos de pollo y pescado, sopas, cremas, ensaladas, mantequillas condimentadas y vinagres. Puede encontrarse fresco y desecado, tanto en hojas como en polvo.

EUCALIPTO: La sustancia que se encuentra especialmente en esta planta es el eucaliptol, que tiene propiedades espectorantes y antiinflamatorias. También contiene taninos,

resina y ácidos grasos. Existen principalmente dos maneras de aprovechar las propiedades curativas de esta planta: en infusión o en inhalaciones. También es muy adecuado para curar dolores musculares.

GUASCAS: Planta comestible que se utiliza para aromatizar sopas y guisos, sobre todo en Colombia.

HIERBALUISA: Esta planta de hojas estrechas y algo ásperas combina muy bien con platos de pescado, aves y con rellenos de carne. También se puede usar con ciertos postres, como tortas o helados, y en infusión.

HINOJO: De esta planta vivaz, perteneciente a la misma familia que el eneldo y de sabor algo anisado, se aprovechan varias partes: las hojas condimentan pescados, particular-mente los muy grasos; los bulbos pueden cocinarse enteros o trocearse e incorporarse a sopas y ensaladas; finalmente, las semillas perfuman licores, salsas y embutidos.

HISOPO: Es una planta muy llamativa con bonitas flores de color azul, rosado o blanco. Combina con carne más bien grasa como el lechazo o el venado. Picadita también da un sabor muy bueno a las ensaladas. Debido a su fuerte sabor hay que utilizarla con cierta discreción.

LAUREL: Este arbusto, que no debe confundirse con otras especies afines pero venenosas, tiene un uso muy antiguo y acreditado en la cocina. Sus hojas se emplean en guisos, principalmente los de carne, así como salsas, adobos y sopas, de los cuales debe retirarse antes de servir. Es uno de los ingredientes básicos del «ramillete de hierbas» (*bouquet garni*) y puede adquirirse desecado.

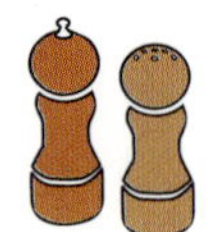

Hierbas, especias y otros condimentos

LEVÍSTICO: Planta perenne, alta y de flores blanquecinas verdosas. Combina estupendamente con platos de arroz, legumbres y verduras. También da un sabor muy rico a las sopas, pero debido a su fuerte sabor es aconsejable un uso discreto para no enmascarar el sabor de los alimentos.

MALVAVISCO: Perteneciente a la familia de las malvas, el malvavisco posee unas bonitas flores rosas. Es la planta calmante por excelencia y es ideal en el tratamiento de las irritaciones y las inflamaciones. Antiguamente era habitual dar un trocito de raíz de malvavisco para masticar a los niños en la época del crecimiento de los dientes. Se utiliza con ensaladas y a veces se ha utilizado su raíz para hacer golosinas.

MEJORANA: De esta planta, muy relacionada con el orégano y de aroma parecido, se utilizan las hojas, frescas o desecadas, para sopas, platos de carne, rellenos, ensaladas y salsas. Puede incorporarse al «ramillete de hierbas», aunque no es uno de los componentes básicos del mismo. Suele encontrarse desecada y, más raramente, fresca. Es posible cultivarla en macetas, pues se trata de una planta que soporta muy bien los cortes repetidos.

MENTA: Existen muchísimas variedades de menta, y ello se debe a que son plantas que tienen una enorme facilidad para hibridarse y producir nuevos cruces. Desde el punto de vista culinario, sin embargo, la menta y sus afines, como la hierbabuena, se utilizan para sopas, salsas, ensaladas, bebidas y platos dulces. El aroma de la menta fresca es incomparable, aunque puede encontrarse seca o reducida a polvo. Es notable el empleo de estas hierbas en infusiones como el té.

MIRTO: Arbusto de flores blancas y bayas color violeta. Tiene prácticamente igual uso que el laurel en la cocina. Se utiliza con guisos de carne y ave, con verduras y también con algunos quesos frescos.

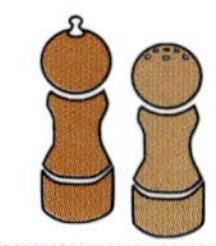

ORÉGANO: Las hojas de orégano, frescas o secas, vienen utilizándose desde hace siglos. Su principal empleo son los adobos, los platos de carne y algunas salsas como la boloñesa. Es un condimento indispensable para la cocina italiana, especialmente en las pizzas y otras preparaciones a base de queso y jitomate. Parece ser que el orégano posee ciertas propiedades digestivas, además del agradable sabor que transmite a los alimentos, pero debe usarse con precaución, porque su aroma es fuerte.

PAICO MACHO: Combina a la perfección con chiles, ajíes, orégano y culantro. En México se considera esencial para los platos de frijoles y las quesadillas. Se usa mucho con platos de elote, zapallo, cangrejo, pescado y carne de puerco.

PEREJIL: Una de las hierbas más utilizadas en la cocina. Es fácil de cultivar, barata y siempre está disponible. Es uno de los principales componentes del «ramillete de hierbas», y también se considera una de las llamadas «finas hierbas», mezcla muy empleada para aromatizar omelettes y otros alimentos de delicado sabor. Por lo demás, el perejil se utiliza en recetas de carne, pescado, hortalizas, verduras, etc.

Entra en la composición de muchos rellenos y salsas y adorna con frecuencia los platos más variados. Puede encontrarse fresco o desecado; este último se expende picado o en polvo.

PERIFOLLO: Otra de las «finas hierbas», muy parecIda al perejil pero de sabor más delicado. El perifollo tiene las hojas rizadas y es de un verde intenso. Se utiliza como adorno de platos por su vistosidad. Asimismo, entra en el condimento de sopas, omelettes, rellenos y ensaladas. Si bien puede encontrarse desecado, el aroma de las hojas frescas es insustituible.

PIMPINELA: Planta rosácea de sabor aromático que se utiliza en ensaladas, salsas y quesos frescos. En medicina se emplea como tónica y diaforética.

ROMERO: Platos de carne, pollo y pescado, así como sopas y ciertas ensaladas se benefician del empleo del romero. Esta hierba debe utilizarse con precaución, pues posee un aroma fuerte y su empleo sin moderación puede resultar algo tóxico. Por esta razón, se aconseja ser prudente, en especial cuando se disponga de romero en polvo; esta modalidad altera un tanto el aroma característico de la planta. Se expende también fresco o desecado.

SALVIA: Su nombre latín significa «planta que salva». Esta planta ha sido considerada universalmente como sagrada o ligada a la historia religiosa; de hecho, fue venerada por los persas, los hindúes y los celtas. Entre las diversas especies de salvias, la llamada de jardín es la más utilizada con fines culinarios. Sus hojas poseen un fuerte aroma y un sabor picante y amargo, muy apropiado para condimentar carnes de fuerte sabor. También se utiliza en infusión por sus poderes tónicos y estomacales.

TIGNAMICA: Planta con hojas verdes plateadas en forma de aguja y flores amarillas. Se utiliza sobre todo con guisos de carne y lechazo, con verduras y también para espesar sopas.

TOMILLO: El uso del tomillo es muy habitual en medicina por sus demostradas propiedades digestivas, y eficaz para el asma, catarros y laringitis. Existen distintas especies de lo que genéricamente se conoce como tomillo: la variedad serpol es quizá la más empleada para condimento, y se aprecia sobre todo el de hojas acitronadas, es decir, con aroma a limón; el tomillo salsero, por su parte, es el llamado tomillo *vulgar*. Todas las clases de tomillo pueden perfumar platos de carne o ave, sopas, guisos diversos, asados y rellenos. Es posible encontrarlo fresco y desecado, en hojitas o en polvo.

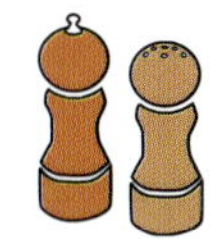

LAS ESPECIAS

ACHIOTE: Es un árbol de rápido crecimiento que se cultiva en zonas de clima húmedo y cálido. Al machacar sus semillas se obtiene un colorante de un tono amarillo fuerte o anaranjado y se suele utilizar en determinados guisos, como sustituto del azafrán, para darles color. Las semillas se industrializan para extraer el colorante y comercializarlo en forma de pasta o de extracto líquido. La producción de achiote se obtiene entre los meses de agosto a diciembre.

maño y color y se utiliza como condimento. Para más información ver el apartado de **Chiles, ajíes y pimientos.**

ALCAPARRAS:
Proceden de una planta silvestre con hermosas flores malvas y blancas. Se usan

principalmente en guisos y estofados de lechazo y carne roja. También se utilizan con pescados ahumados y otros alimentos salados.

ANGÉLICA: Todas las partes de esta planta son comestibles y aromáticas. Sus brotes, tiernos y jugosos, pueden utilizarse con verduras, ensaladas, pescados y añadirse también a quesos frescos.

ADORMIDERA: Se usa como condimento para dulces y pasteles o se espolvorea sobre panes a los que les da cierto sabor a nuez. Vulgarmente se conoce como semillas de amapola.

AJÍ: También conocido como chile o guindilla, es muy variable en forma, ta-

ANÍS: Es una planta anual de unos 70 cm de altura con un tallo cilíndrico, erguido y ramificado en lo alto; las pequeñas flores blancas se agrupan en una umbela compuesta. El origen de esta planta se encuentra en el Oriente Medio. Las

semillas del anís son un buen remedio para el tratamiento de la digestión lenta y otros malestares, como las afecciones bronquiales. Se utiliza en platos de carne pero especialmente en postres y tisanas.

ANÍS ESTRELLADO: Su sabor es parecido al del anís verde pero con un retrogusto picante. Se utiliza para platos con pato y puerco. También se emplea en el café para conseguir un sabor anisado y en infusiones.

AZAFRÁN: Es la especia más cara del mundo y se precisan aproximadamente 180,000 estigmas, recolectados a mano, para obtener un kilo de azafrán. Indispensable en multitud de platos a base de arroz,

entre los cuales sobresale la paella. También se emplea para aromatizar sopas, en especial las de pescado. Se encuentra disponible en polvo o en hebras, que son los estigmas desecados.

CANELA: Se aprovecha la parte de la corteza. Puede encontrase en polvo o también en astillas, y su empleo se centra principalmente en postres, compotas y dulces, aunque también tiene aplicaciones en la confección de ciertos platos de arroz, pollo, pescado o jamón. Se puede utilizar también en bebidas como el ponche o el vino.

CARDAMOMO: Es, después del azafrán, otra de las especias más costosas. Generalmente se expenden las semillas, cuya principal aplicación es aromatizar platos de arroz. Sin embargo, en los países donde su empleo está más generalizado, puede encontrarse además en forma de pequeñas vainas de color marrón, pajizo o verde, según la variedad de la planta.

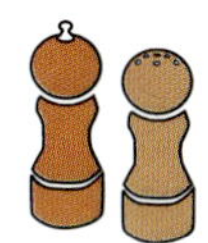

CLAVO DE OLOR: Llamado así por su forma, posee un aroma muy intenso y se emplea en gran variedad de platos, así como para aromatizar embutidos, bebidas y postres. Ha de utilizarse en pequeñas cantidades para que su fuerte sabor no oculte el del alimento. Puede encontrarse en polvo o entero.

COMINO: En cocina sólo se utilizan las semillas de esta planta. Además de ciertos platos de carne, también suele aromatizar licores, quesos y productos de repostería. Es una especia muy común en la preparación de adobos, encurtidos y conservas. Su sabor es parecido al de la alcaravea pero más acentuado.

CÚRCUMA: Se expende en forma de un polvo de color amarillo intenso, obtenido a partir de la raíz de una planta nativa del sudeste asiático. Es uno de los principales ingredientes del curry y de ciertos adobos comunes en la cocina oriental. Se emplea también en platos de arroz y para condimentar mantequillas y bebidas.

CURRY: Lo que llamamos curry no es una especia, sino una combinación de varias, reducidas a polvo y mezcladas. Tal combinación puede variar localmente, pero lo común es que conste de cúrcuma, culantro, clavo, cardamomo, pimienta, jengibre y, en algunos casos, se aromatiza con la hoja de un árbol cítrico. Las preparaciones de curry abarcan arroces, carnes, pescados y huevos. Se utiliza sobre todo en la cocina india.

JENGIBRE: Procedente del Asia tropical, el jengibre es una raíz que tiene importantes usos sobre todo en la cocina china. Puede usarse en platos salados y en carnes, pero también sirve de condimento perfecto para platos dulces.

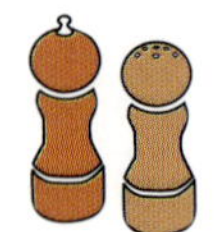

Hierbas, especias y otros condimentos

MOSTAZA: La mostaza, ya sea en polvo o en pasta, se obtiene a partir de la mezcla de 3 semillas distintas molidas y aderezadas con vinagre, limón, hierbas, ajo, pimienta, etc. Actualmente existen muchas variedades de mostaza, suaves o picantes. Lo común es que se encuentre en su forma preparada, pero también se expende en polvo o en grano. El empleo de la mostaza abarca desde el clásico acompañamiento indispensable de las salchichas hasta el condimento de carnes, pescados o la preparación de salsas como la *rémoulade* o la *ravigote*. Los granos de mostaza blanca tienen propiedades conservantes y por ello se emplean en la preparación de encurtidos. La mostaza ya preparada puede añadirse sin inconvenientes a cualquier salsa o guiso. No ocurre los mismo con la mostaza en polvo, que debe disolverse siempre en agua fría antes de su utilización; de no hacerlo así, el polvo formaría grumos y estropearía la salsa.

NUEZ MOSCADA: Es la semilla desecada del fruto de un árbol perenne, originario del sudeste de Asia. Debido a la intensidad de su aroma, únicamente se emplea en polvo, de modo que puedan usarse pequeñas cantidades; no obstante, pueden adquirirse las nueces enteras para rallar la cantidad precisa en cada momento. En la cocina occidental se utiliza para purés, carnes, rellenos y salsas como la bechamel. Muy empleada en dulces, como pasteles, natillas y bizcochos. También se utiliza en bebidas calientes.

PIMENTÓN MOLIDO: La planta del pimiento es originaria de América y existen unas 50 variedades, con gran diversidad de sabores y frutos de tamaño y características muy dispares. Básicamente, pueden dividirse en pimientos dulces o picantes. Moliendo estos frutos desecados al sol se obtienen los pimentones, que pueden ser dulces o picantes, según la variedad

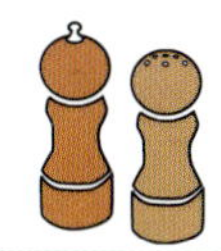

ca se utiliza tanto en grano como molida, si bien se recomienda molerla en el momento de su aplicación, pues de lo contrario pierde su aroma. Las salsas y los alimentos de delicado sabor y color suelen requerir el uso de esta especia.

de la que procedan. La páprika es un tipo de pimentón picante, ingrediente fundamental de guisos como el gulasch húngaro.

PIMIENTA NEGRA: Tiene idéntica procedencia que la pimienta blanca, pero los frutos de los que se obtiene han sido recolectados cuando aún estaban verdes. Sin pelarlos, se han desecado y conservan un aroma más intenso que los granos blancos. Toda clase de platos de carne, hortalizas,

PIMIENTA BLANCA: Se obtiene pelando los frutos maduros del pimentero y desecando las semillas o granos que contienen. El pimentero es un arbusto trepador muy relacionado con el pimiento, pero con el cual no debe ser confundido. La pimienta blan-

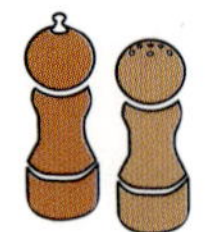

ciertos pescados, sopas, ensaladas, salsas y adobos admiten la presencia de la pimienta negra, que también debe molerse en el momento de ser utilizada para que no pierda sabor.

PIMIENTA ROSA: Proviene de las bayas de un árbol originario de China. No pertenece, por tanto, a la misma especie que las pimientas blanca, verde o negra, pero es un condimento muy aromático, con los mismos usos que las otras pimientas.

PIMIENTA VERDE: Los granos de pimienta verde se obtienen a partir de las bayas del mismo arbusto que la pimienta blanca y la negra. Recogidos cuando aún están verdes, los frutos se conservan en salmuera. Como todas estas especies, deben molerse en el momento preciso de su utilización.

SAL: Imprescindible en el sazonamiento de las comidas, tanto dulces como saladas, cuyo sabor realza. Además retrasa la descomposición de las carnes y de otros productos naturales, por lo que se utiliza en salazones y conservas. Tiene la propiedad de atraer y retener la humedad. Se encuentra en grano fino y grueso. Es aconsejable el uso de la sal marina por su contenido en yodo.

SÉSAMO: Las semillas se emplean sobre panes y pasteles. También se utilizan en verduras y diferentes salsas; para éstas se pueden utilizar tostadas.

TAMARINDO: Procede de un árbol del Asia Oriental y su sabor es parecido, aunque algo más fuerte, al del limón y la lima. Se utiliza en la preparación del curry y también con pescados y carnes.

VAINILLA: Una planta de la familia de las orquídeas, nativa de Centroamérica, es el origen de este condimento. Lo que conocemos por vainilla son las vainas o receptáculos de los frutos, que una vez tratadas convenientemente, se expenden secas y enteras o molidas y se utilizan para perfumar postres a base de leche, helados y repostería en general. Existe asimismo el extracto de vainilla, que es líquido y se dosifica en gotas.

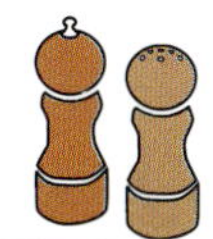

CHILES, AJÍES Y PIMIENTOS

No cabe duda de que el ají o chile es un ingrediente indispensable en cualquier cocina. Se utiliza como condimento en gran cantidad de recetas y en la mayoría de los platos mexicanos y sus numerosas variantes permiten mezclarlo indiscriminadamente para crear salsas, moles, encurtidos, adobos y aderezos, además de consumirse solo «a mordidas» en verde o incluso como ingrediente de ensaladas, cebiches y barbacoas.

Según fuentes históricas, el ají proviene de Bolivia y Perú, lugares desde los cuales se extendió a lo largo del continente americano. Durante la época del Descubrimiento se difundió por el continente europeo.

El chile es el fruto de la solanácea mexicana «capsicum annum» y es, junto con el azafrán, la pimienta, el clavo, la canela y la nuez moscada, una parte importante del enriquecimiento de la cocina internacional, pues actualmente el chile está difundido por todo el mundo, como sazonador, como base de pigmentos, recursos alimenticios con fuentes de vitaminas, etc.

Entre gustos y colores, el ají tiene alrededor de 30 especies con diferentes formas, colores y grados de picor. La sustancia que los hace picantes se encuentra en las venas y semillas de la parte interior. La parte carnosa es la que tiene más sabor, por lo que se deben equili-

brar ambos elementos dependiendo del plato. Un dato definitorio en sus cualidades es el clima, la cantidad de sol y el agua que reciben cuando están en crecimiento: los chiles pequeños, por lo general, son más picantes que los chiles grandes.

Todas las variedades, además de jugar un papel importante y protagonista en las comidas, poseen adicionalmente propiedades curativas; se han detectado mejoras en padecimientos de la piel, como erisipela y heridas, en las enfermedades de los riñones, se han utilizado en tratamientos de la dispepsia, la diarrea, el dolor de oído y de los ojos, como activador de la circulación sanguínea y para la elaboración de cosméticos.

Las variedades de chiles más utilizadas son:

CHILE PIQUÍN: Con este nombre se identifican muchos chiles de pequeño tamaño, redondos, ovalados, ligeramente cónicos y, sobre todo, muy picantes. Su color es verde y se vuelve rojo vivo al madurar.

◆ El chile piquín fresco se usa para preparar salsas o para comerlo como acompañante, pero en su versión seca es utilizado molido y espolvoreado sobre frutas y verduras. Es la base de muchos aderezos, entre ellos la salsa tabasco.

◆ Es un chile espontáneo, perenne y que aparece en diferentes terrenos. Los cambios de clima, el tipo de terreno en el que crece y la humedad, generan pequeñas diferencias entre ellos.

◆ Su nombre proviene del Náhuatl y significa pulga, por lo que se le conoce también como chile pulga, enano o guindilla.

JALAPEÑO O CHIPOTLE: Chile fresco, de color verde fuerte. Su forma es cónica alargada, a veces termina en puntiagudo o chato y es carnoso con piel brillante. Mide en promedio unos 6 cm de largo y 2.5 cm de ancho. Se considera un chile picante o muy picante.

◆ Como chile verde es muy utilizado, ya sea crudo o cocido, en diferentes salsas verdes, salsas de jitomate o salsas de mesa.

◆ Se le llama jalapeño porque antiguamente se cultivaba en Jalapa (Veracruz), desde donde se comercializaba a otras partes. También se le conoce como cuaresmeño, porque se solía utilizar sólo durante la cuaresma, relleno de queso o atún.

◆ Cuando llega a su estado de maduración toma un color rojo intenso y se utiliza indistintamente como el verde. Cuando se seca se le conoce como chipotle, de color café oscuro, textura arrugada y muy picante. Su nombre proviene del Náhuatl y significaba «chile ahumado». Se venden secos en los mercados populares para hacerlos en escabeche o adobados; sin embargo, la gran mayoría de los chiles en escabeche o adobados se consumen de lata, y sólo muy pocas personas los siguen preparando en casa.

SERRANO: Es un chile verde, pequeño, no más grande que el dedo meñique, mide de 3 a 5 cm de largo y un centímetro de diámetro, es cilíndrico y muy picante. También se le conoce como chile verde, ya que se consume exclusivamente fresco en salsas y encurtidos.

◆ Toma su nombre del lugar en el que es cultivado, que son las sierras de los estados de Puebla, Hidalgo y México.

◆ Se puede comer crudo, cocido, asado o frito. Cuando está crudo generalmente se muele y se mezcla con otros ingredientes para hacer diferentes salsas, entre ellas la llamada salsa mexicana o el guacamole. Cuando es cocido se utiliza para salsas como la ranchera o salsa verde cocida.

GUAJILLO: Es un chile seco, de color café rojizo, piel lisa y gruesa y con forma triangular alargada. Suele medir unos 10 cm de largo y 3 cm de ancho.

◆ Esta especie se utiliza en la preparación de los platos al ajillo que requieren del toque rojo y picante

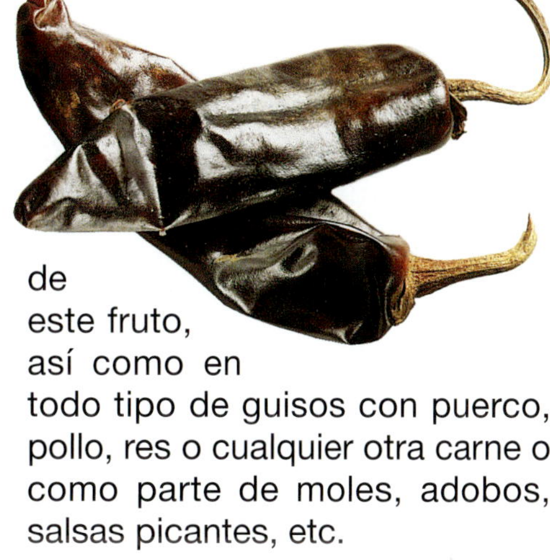

de este fruto, así como en todo tipo de guisos con puerco, pollo, res o cualquier otra carne o como parte de moles, adobos, salsas picantes, etc.

◆ La mayoría de las veces se usa mezclado con otros chiles, porque solo no produce una buena salsa. Se aconseja ponerlo en remojo antes de ser usado y colarlo sobre las salsas, pues la mayoría de las veces la licuadora no logra molerlo del todo.

◆ Existen tres variantes de este tipo de chile: el guajillo ancho, que no es picante, el guajillo chico, que es de picor moderado, y el guajillo puya, que es muy picante.

CHILACA O PASILLA: Chile fresco, de color verde-negruzco, de piel brillante y con forma alargada, algo plana y retorcida. Es carnoso, picante y suele medir entre 15 y 23 cm de largo y unos 2 o 3 cm de ancho. Se produce en los estados mexicanos de Jalisco, Guanajuato, Aguascalientes y Zacatecas. Cuando se seca se pone de color café oscuro y se llama pasilla, siendo esta última versión la más común, pues la gran mayoría se deja secar. Con una superficie brillante y arrugada y de sabor picante, su nombre se debe a que, cuando se seca, se arruga como la uva pasa.

◆ Existe una variedad de chile pasilla que se da sólo en Oaxaca (México) y que está ahumado con una madera especial que le da un sabor muy particular y sabroso y es muy escaso.

◆ El principal uso del chile pasilla es en la preparación de adobos, moles y salsas, como la salsa borracha, que se prepara con pulque y puede acompañar a distintos tipos de guisos hechos con carnes de res, puerco o pollo.

ANCHO: Chile seco de color rojo oscuro, de sabor poco picante, que procede del chile fresco conocido como poblano. Es de forma triangular, con textura rugosa, brillante y flexible al tacto. Cuando se pone en remojo, adopta un color ladrillo muy llamativo, por lo que generalmente es utilizado como colorante en muchos guisos.

◆ Otro nombre que adopta el chile ancho es el de chile para guisar, ya que es muy utilizado en salsas para guisos de cualquier tipo de carne. Se puede usar cocido o crudo, tostado y sin semillas y con él se hacen todo tipo de moles, adobos y diferentes clases de salsas picantes.

MULATO:

Es un chile seco, de forma alargada, con la piel gruesa y que al madurar adquiere un color café. Es muy picante y su tamaño ronda los 12 cm de largo por unos 7 cm de ancho, su sabor es algo dulce y puede llegar a recordar al chocolate.

◆ Este es uno de los chiles más importantes para la preparación de los moles, sobre todo para el mole poblano. Posee un aspecto muy parecido al del chile ancho, pero no puede sustituirse por éste, pues los sabores de ambos son muy diferentes.

HABANERO: De color verde claro y con tonalidades amarillas y anaranjadas brillantes cuando madura, el chile habanero es posiblemente el más picante de todos. Su textura es suave y su tamaño aproximado es de 4 cm de largo y 3 de ancho.

◆ Su zona de cultivo está situada en Campeche, Quintana Roo y Yucatán (México). Toma el nombre de su procedencia, porque se cree que fue introducido a la península de Yucatán vía Cuba.

◆ No se usa seco. Se come fresco, crudo, asado o cocido. Se pica crudo para hacer la salsa IK-NI-PEK, y se muele para salsas muy picantes.

MANZANO: Conocido también como perón, canario y ciruelo, es un chile originario de los Andes. Es de color amarillo brillante, carnoso y de forma cónica y su tamaño aproximado es de 5 cm de largo y 3 cm de ancho. Se distingue del resto de los chiles por tener semillas negras.

◆ Al igual que el habanero, este chile no se puede secar o deshidratar, por lo que se consume solamente fresco y se encuentra entre las variedades más picantes. Existen dos tipos de chile manzano; el verde, que al madurar adopta un color amarillo y es extremadamente picante y el que al madurar se torna rojo.

OTROS CONDIMENTOS

AZAHAR: Es la flor del naranjo amargo. Árbol con la copa en forma de cúpula, perenne, con hojas verdes y esparcidas; las flores se sitúan en las extremidades de las ramas y se las conoce como flor de azahar. Procede de la India y en la actualidad crece en climas templados. Es un remedio tradicional para combatir el insomnio, el estrés y la tos nerviosa. El agua de azahar se utiliza en repostería.

CACAO: Arbusto que puede alcanzar los 10 metros de altura cuyo fruto es rosado y pequeño. Del fruto de este árbol se obtiene el polvo de cacao, la manteca de cacao y otros productos. Combinándolos entre sí y mezclándolos con otros ingredientes se obtiene el chocolate. Podría darse una amplísima lista de los usos del chocolate en cocina. Ciertos platos salados (perdices con chocolate, pulpitos estofados con papas y chocolate) lo incorporan, en pequeñas dosis, para realzar el sabor del ingrediente principal. Sin embargo, y como es lógico, el dominio del cacao lo constituyen los dulces, los postres y la repostería, y muy especialmente la decoración de todos estos platos. Como alimento además es energético, excitante y un buen reconstituyente.

CALÉNDULA: Posee bonitas flores amarillas y anaranjadas y su sabor, que combina bien con la canela y con el clavo, es ligeramente amargo. Se usa en ensaladas, postres y para dar color al arroz y a otros platos. Es buena para el sistema cardiovascular por su acción vasodilatadora y también se emplea, vía externa, para aliviar molestias derivadas de insectos y medusas.

LAVANDA: No es demasiado común asociar la lavanda a la cocina, pero usada con precaución da un aroma estupendo a ciertos platos. Se utiliza en infusiones como antiespasmódico y vía externa para el tratamiento de contusiones y esguinces. En cocina se emplea en ciertos postres, helados y también en guisos de carne o arroz.

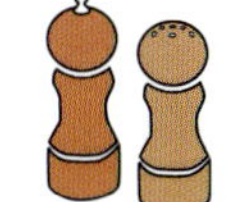

MALVA: Planta perenne con flores de color rosáceo. Se usa en ensaladas y guisos de pescado o arroz. Sus propiedades favorecen las dolencias inflamatorias y respiratorias.

MANZANILLA: Es una planta anual de tallos erectos y fuerte olor aromático, que contiene numerosas flores amarillas y se emplea como infusión. Se ha tomado durante siglos para calmar los nervios, la ansiedad, favorecer el descanso, aliviar dolores gástricos o mareos y también en forma de colirio o para lavados oculares.

REGALIZ: La parte utilizable de esta planta es su raíz. El regaliz se emplea en cervezas y licores, pero como más se conoce es como dulce para niños. Como planta medicinal tiene múltiples usos para el sistema respiratorio y el digestivo.

ROSA: Arbusto espinoso con flores de diversos colores. Las rosas dan a los platos un delicado aroma y sus pétalos se utilizan para la preparación de mermeladas, almíbares y vinagres. También se emplean en postres y platos de carnes. Su utilización en perfumería es muy antigua pero también tiene propiedades medicinales como laxante suave o se emplea en la preparación de colirios y baños oculares.

VINAGRE: Este líquido agrio no procedente de una planta sino de la fermentación ácida del vino u otras frutas. Se utiliza como aliño de ensaladas y en diferentes salsas. Hay distintos tipos de vinagre según la aromatización y el origen.

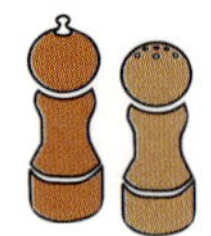

VIOLETA: Esta planta común está extendida prácticamente por todo el mundo. Sus flores sirven como decoración de diferentes platos y también se utilizan como condimento en postres. Tiene propiedades medicinales ya que se emplea para suavizar la tos y también ejerce un efecto expectorante. Se utiliza además como agente de sabor y color en tisanas por su agradable aroma.

ALCOHOL: El uso del alcohol como ingrediente culinario es un fenómeno relativamente moderno, salvo en el caso del vino. Los primeros usos del alcohol, destilado y mezclado con hierbas y frutas, fueron medicinales. Sin embargo, en las regiones de mayor producción vinícola, se desarrolló toda una cultura alrededor del alcohol y éste invadió el terreno culinario. Hasta tal punto fue así que hoy en día es muy común en infinidad de recetas que incluyen entre sus ingredientes vino, aguardiente, cerveza o licores, los cuales son fáciles de encontrar en el mercado. Su utilización, siempre con moderación, realzará el sabor de los platos.

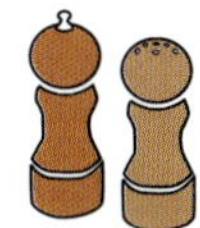

carne, así como para condimentar postres a base de frutas: equilibra el dulzor, a veces excesivo, de unas peras o manzanas cocinadas.

◆ Otro uso muy común del vino tinto o blanco es en la cocción de frutas, a las que da una textura muy especial.

◆ Los vinos reforzados y rancios son, quizás, los más celebrados en platos como los riñones al jerez, el jamón al oporto, la salsa al madeira o el zabaglione o sabayón con marsala.

◆ Los vinos de mesa entran a menudo en la preparación de adobos y marinadas destinados a ablandar carnes duras o de fuerte sabor y a realzar el sabor de los pescados. Es conocido el caso del vino blanco recomendado para preparar un caldo corto, en el que se escalfa pescado. Por otra parte, cada vez es más común el empleo de sidra corriente para cocer jamones y estofar piezas de

◆ Los postres recurren con frecuencia, asimismo, al aguardiente: el *kirsch* tiene grandes afinidades con la piña, las guindas, las fresas, los duraznos y los damascos; se emplea principalmente para macerar o perfumar frutas y en recetas de repostería. El calvados aromatiza las tortas y cremas de manzana, de la que procede; también se utiliza en la preparación de diversos platos de caza, en especial

perdices. El brandy se emplea frecuentemente para flamear o saltear algunos mariscos y postres y en la elaboración de platos de caza, otras carnes y aves como por ejemplo el pavo de Navidad. Finalmente, los licores tienen un gran empleo en macedonias de frutas, budines, bizcochos con aroma anisado, almíbares y jarabes.

◆ La cerveza, a su vez, se ha empleado ampliamente en las cocinas inglesa, alemana o belga. Con ella se pueden macerar y aromatizar carnes u otros platos, e interviene en la elaboración de salsas y repostería, a las que confiere un sabor muy especial.

Las salsas

- *Salsas básicas*
- *Salsas para verduras y ensaladas*
- *Salsas para arroces*
- *Salsas para pasta*
- *Salsas para pescados*
- *Salsas para mariscos*
- *Salsas para aves*
- *Salsas para carnes*

Introducción

Las salsas desempeñan un papel muy importante en numerosos platos. Se utilizan para combinar su sabor con el del ingrediente o ingredientes principales de una receta y potenciar o realzar el mismo, tienen una consistencia más o menos líquida y pueden ser frías o calientes. Las salsas frías se preparan generalmente a partir de la mayonesa y de la vinagreta, mientras que las salsas calientes se pueden separar en dos secciones: las oscuras, basadas a su vez en tres básicas (jitomate, media-glasa y española), y las blancas, que tienen su base en la bechamel y la velouté.

En este capítulo daremos algunas recetas para preparar salsas que, además, servirán de orientación a la hora de crear nuevas combinaciones.

SALSAS BÁSICAS

HOGAO (SOFRITO)

4 cucharadas de aceite
1/2 cebolla
500 g de jitomates
1/2 cucharadita de pimentón molido
Sal al gusto

PREPARACIÓN:

Pelar la cebolla y molerla. Calentar el aceite en una sartén y sofreír la cebolla. Cuando esté transparente, añadir los jitomates pelados y molidos y freír hasta que estén bien cocinados. Sazonar, agregar el pimentón molido y cocinar unos minutos más.

SALSA BLANCA (BECHAMEL)

3 cucharadas de mantequilla
2 1/2 cucharadas de harina
1/2 litro de leche
Nuez moscada al gusto
Sal y pimienta blanca molida

PREPARACIÓN:

Derretir la mantequilla en un cazo y añadir la harina, revolviendo con una cuchara de madera. Antes de que la harina se dore, incorporar la leche, poco a poco y sin dejar de revolver, para que no se hagan grumos. Cocinar durante 5 minutos, o hasta que tenga la consistencia deseada. Sazonar y añadir la nuez moscada.

GUACAMOLE

2 aguacates
2 cucharadas de jugo de limón
1 jitomate maduro
1/2 cebolla pequeña
1/2 pimiento verde
Un ramillete de culantro
Perejil al gusto
Chile al gusto
30 ml de aceite de oliva
Sal al gusto

PREPARACIÓN:

Pelar los aguacates, quitar el hueso y aplastar la pulpa con un tenedor; rociar con el jugo de limón para que no se ennegrezcan. Pelar el jitomate, quitar las semillas y picarlo en daditos muy pequeños. Pelar la cebolla y rallarla o molerla muy menuda; hacer lo mismo con el pimiento. Añadir a los aguacates la cebolla, el jitomate y el pimiento junto con el culantro y el perejil muy molidos, sal, el chile y el aceite. Mezclar todo muy bien y reservar en el refrigerador hasta el momento de servir.

SALSA VINAGRETA

1 cebolla pequeña
1 huevo duro
1 cucharada de alcaparras
1 cohombro en vinagre
1 cucharada de perejil molido
6 cucharadas de aceite
2 cucharadas de vinagre
Sal y pimienta molida

PREPARACIÓN:

Pelar y moler la cebolla muy menuda. Moler finamente el huevo, las alcaparras y el cohombro y mezclarlos con los ingredientes restantes. Sazonar con sal y pimienta.

SALSA MAYONESA

1 huevo
250 ml de aceite de oliva
1 cucharada de jugo de
 limón
Sal al gusto

PREPARACIÓN:

Verter el huevo en el vaso de la licuadora y agregar, poco a poco, el aceite, sin dejar de batir hasta que haya adquirido la consistencia deseada. Sazonar, agregar el jugo de limón, batir de nuevo y servir en una salsera.

SALSA DE JITOMATE

500 g de jitomates
6 cucharadas de aceite
1 cebolla pequeña
1 diente de ajo
1/2 cucharadita de azúcar
Sal y pimienta molida al gusto

PREPARACIÓN:

Lavar los jitomates, quitar las semillas, pelarlos y molerlos. Pelar y moler la cebolla. Pelar y prensar el ajo.

Calentar el aceite en una sartén y rehogar la cebolla y el ajo hasta que estén transparentes. Añadir los jitomates y el azúcar. Sazonar con sal y pimienta al gusto, freír hasta que la salsa espese y pasarla por el chino.

SALSAS PARA VERDURAS Y ENSALADAS

SALZIKI

1 cohombro pequeño
2 dientes de ajo
2 cucharadas de aceite de oliva
1 cucharadita de jugo de limón
2 yogures naturales
2 cucharadas de menta molida
Cúrcuma o curry, al gusto
Sal y pimienta blanca molida

PREPARACIÓN:

Pelar el cohombro y rallarlo o molerlo. Ponerlo en un colador para que escurra su líquido. Pasarlo al vaso de la licuadora y agregar los ajos pelados y molidos, el aceite, el jugo de limón, sal y pimienta, y triturar; añadir los yogures y seguir batiendo. Por último agregar la menta molida y espolvorear si se desea con el curry o la cúrcuma.

SALSA DE ROQUEFORT

75 g de queso roquefort
200 ml de crema de leche líquida
2 cucharadas de vino blanco
1 cucharada de aceite de oliva

PREPARACIÓN:

Poner todos los ingredientes indicados en el vaso de la licuadora y batir hasta obtener una crema suave y homogénea. Si queda con una consistencia muy espesa, incorporar un chorrito de agua o leche.

SALSA DE PEREJIL

1 ramillete de perejil
1 cebolla mediana
1 cucharadita de orégano
1 jitomate
Vinagre
Sal y pimienta molida

PREPARACIÓN:

Lavar el perejil, secarlo con papel absorbente y molerlo muy finamente, hasta conseguir una pasta. Poner en un recipiente la cebolla finamente molida, el orégano, sal y pimienta al gusto y cubrir con vinagre. Dejar macerar, escurrir parte del vinagre y añadir la pasta de perejil previamente preparada. Incorporar el jitomate pelado y triturado y mezclar todo bien.

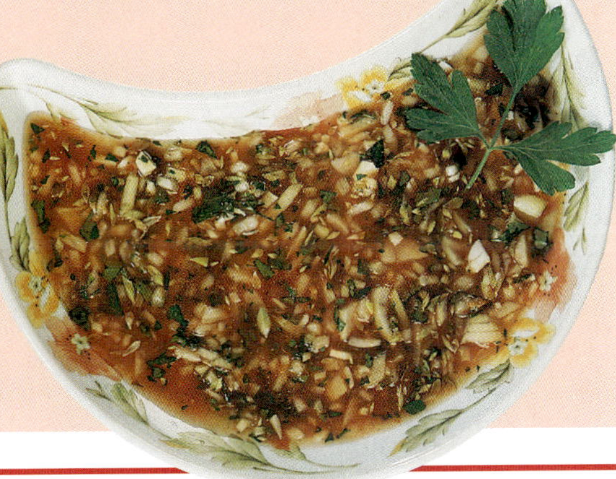

SALSA DE YOGUR

2 yogures naturales
1 cucharada de mostaza
2 cucharadas de jugo de limón
1 cucharada de perejil molido

PREPARACIÓN:

Verter los yogures, la mostaza y el jugo de limón en un cuenco y batir con un batidor de varillas hasta obtener una crema homogénea. Añadir el perejil y servir.

Las salsas

SALSAS PARA ARROCES

SALSA DE JITOMATE Y ALBAHACA

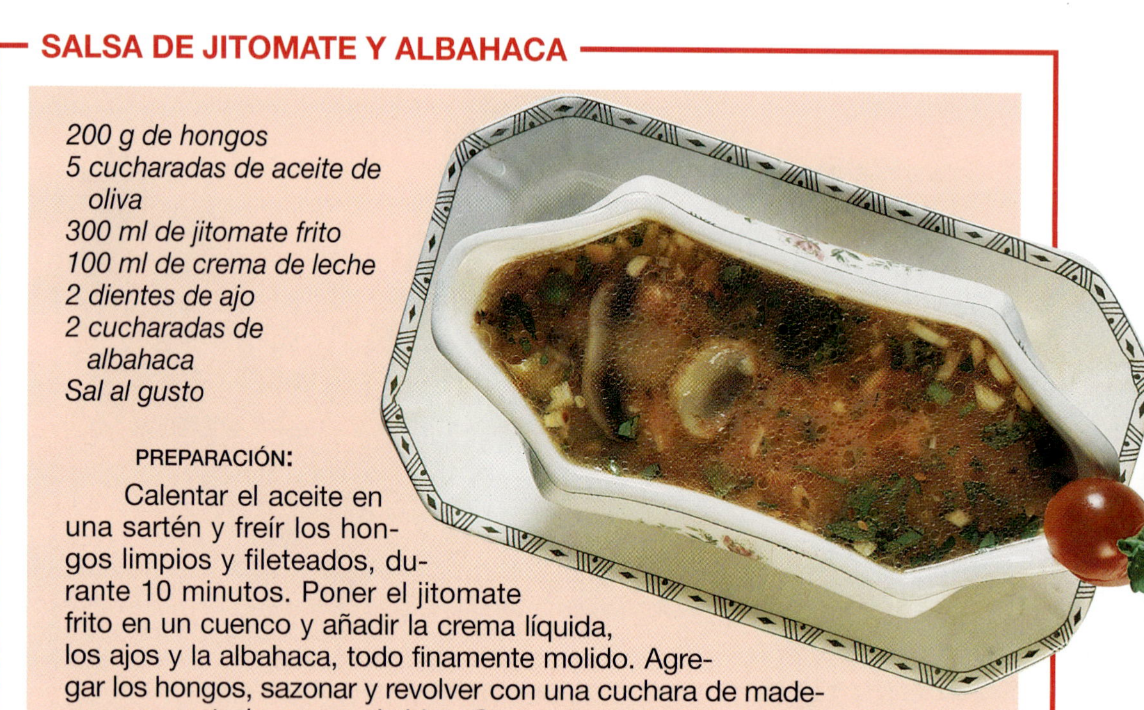

200 g de hongos
5 cucharadas de aceite de
  oliva
300 ml de jitomate frito
100 ml de crema de leche
2 dientes de ajo
2 cucharadas de
  albahaca
Sal al gusto

PREPARACIÓN:

Calentar el aceite en una sartén y freír los hongos limpios y fileteados, durante 10 minutos. Poner el jitomate frito en un cuenco y añadir la crema líquida, los ajos y la albahaca, todo finamente molido. Agregar los hongos, sazonar y revolver con una cuchara de madera para que todo se mezcle bien. Se puede servir fría o caliente.

SALSA DE SOJA Y LIMÓN

150 ml de salsa de soja
150 ml de jugo de limón
3 cucharadas de aceite

PREPARACIÓN:

Poner todos los ingredientes en el vaso de la licuadora y batir. Dejar en el frigorífico hasta el momento de servir. Si se desea, puede incorporar cebolleta molida y ralladura de cáscara de limón.

SALSA CAMPESINA

100 g de tocineta fresca entreverada
4 cucharadas de aceite de oliva
500 g de jitomates
Chile verde al gusto
1 cucharadita de orégano en polvo
1 cucharada de perejil molido
1 yema de huevo cruda
2 cucharadas de queso parmesano
  rallado
Sal y pimienta

PREPARACIÓN:

Cortar la tocineta en daditos y freír en una sartén con el aceite, hasta que esté transparente. Añadir los jitomates pelados y molidos, salpimentar, condimentar con el chile, el orégano y el perejil y cocinar a fuego medio unos 20 minutos o hasta que la salsa espese. Retirar del fuego, añadir la yema de huevo y el queso y revolver enérgicamente. Servir al momento.

SALSA AL CURRY

2 cucharadas de aceite
1 cebolla
2 cucharadas de jitomate frito
Azafrán
Jengibre molido al gusto
1 cucharada de curry en polvo
250 ml de caldo
Sal y pimienta molida al gusto

PREPARACIÓN:

Pelar y moler la cebolla finamente. Calentar el aceite en una sartén al fuego y rehogar la cebolla hasta que esté transparente. Añadir el jitomate, el azafrán, el jengibre, el curry y el caldo. Salpimentar y cocer a fuego lento durante 5 minutos. Servir.

SALSAS PARA PASTA

SALSA DE SALMÓN AHUMADO

100 g de salmón ahumado
400 ml de crema de leche
  líquida
1 cucharada de eneldo
1 cucharada de cebollino
1 cucharada de huevas de
  salmón (opcional)

PREPARACIÓN:

Picar el salmón. Cocinar la crema en un cacito, a fuego suave, hasta que reduzca un poco. Bajar el fuego y añadir el salmón, el eneldo y el cebollino, y cocer a fuego suave. Añadir las huevas (opcional) y triturar todo en la licuadora, o triturar la salsa y dejar las huevas enteras.

SALSA DE CREMA Y QUESO

400 ml de salsa blanca (bechamel)
200 ml de crema de leche líquida
2 cucharadas de perejil molido
1/2 cucharadita de pimienta blanca molida
1/2 cucharadita de nuez moscada molida
100 g de queso parmesano molido

PREPARACIÓN:

Poner todos los ingredientes en un cazo y mezclarlos bien. Calentar a fuego suave. Sazonar al gusto, revolver de nuevo y servir.

SALSA DE HONGOS

50 g de hongos secos
1 cebolla mediana
3 cucharadas de mantequilla
200 ml de caldo
3 cucharadas de jitomate frito
2 cucharadas de harina
1/2 litro de leche caliente
Sal y pimienta

PREPARACIÓN:

Poner los hongos en remojo. Moler la cebolla y rehogarla con 1 cucharada de mantequilla en un cazo. Cuando esté transparente, añadir los hongos escurridos y molidos, dorarlos a fuego bajo y agregar el caldo y el jitomate. Cocinar durante 20 minutos, triturar todo en la licuadora y reservar. Derretir en otro cazo la mantequilla restante y dorar la harina ligeramente. Agregar la leche, poco a poco, y cocer a fuego suave, hasta obtener una bechamel. Retirar del fuego y salpimentar; incorporar la crema de hongos y mezclar.

SALSA PUTTANESCA

3 dientes de ajo
5 filetes de anchoa
50 g de aceitunas negras
  deshuesadas
2 cucharadas de aceite de oliva
500 g de jitomate natural
  triturado
1 cucharadita de azúcar
1 cucharada de perejil molido
4 cucharadas de alcaparras
Sal al gusto

PREPARACIÓN:

Moler los dientes de ajo, las anchoas y las aceitunas deshuesadas. Calentar el aceite en una cazuela y freír los ajos y las anchoas, revolviendo con una cuchara; añadir el jitomate y las aceitunas, y cocer a fuego suave 20 minutos. Incorporar el azúcar, la sal, el perejil y las alcaparras, mezclar todo bien y servir.

SALSAS PARA PESCADOS

SALSA DE ALCAPARRAS

*2 dientes de ajo
2 cucharadas de alcaparras
2 cucharadas de jugo de limón
125 ml de aceite
1 huevo cocido*

PREPARACIÓN:

Pelar y moler los ajos muy menudos. Lavar las alcaparras para que pierdan un poco de su fuerza y dejar escurrir. Combinar todos los ingredientes excepto el huevo en un cazo pequeño, revolver bien y calentar al fuego sin dejar que llegue a hervir. Añadir el huevo troceado y servir.

SALSA GUASACA CRIOLLA

*4 jitomates
1 aguacate
1 trozo de pimiento rojo
2 cebollas
1 ají molido
1 cucharada de perejil molido
1 cucharadita de mostaza
125 ml de aceite
Sal al gusto*

PREPARACIÓN:

Lavar, pelar y moler los jitomates y el aguacate; lavar y moler el pimiento. Pelar y moler las cebollas muy menudas. Mezclar todos los ingredientes, excepto el aceite, en un recipiente, sazonar y revolver. Rociar con el aceite y servir.

SALSA DE JITOMATE CON CREMA

2 cucharadas de mantequilla
1 cebolla
250 g de jitomate natural triturado
250 ml de leche evaporada
Sal y pimienta molida al gusto

PREPARACIÓN:

Pelar y moler la cebolla muy menuda. Derretir la mantequilla en una olla y freír la cebolla hasta que esté transparente. Añadir el jitomate, sazonar con sal y pimienta y cocinar 15 minutos a fuego muy suave. Incorporar la leche, mezclar y dejar cocer 5 minutos. Servir caliente.

SALSA HOLANDESA

3 cucharadas de vinagre
1 cucharada de agua
6 granos de pimienta
1 hoja de laurel
3 yemas de huevo
150 g de mantequilla
Sal y pimienta molida al gusto

PREPARACIÓN:

Hervir el vinagre y el agua con los granos de pimienta y el laurel hasta que el líquido reduzca. Dejar enfriar. Batir las yemas con 15 g de mantequilla y una pizca de sal. Colar el vinagre y añadirlo a las yemas. Poner al baño María e incorporar, poco a poco, la mantequilla en trocitos, sin dejar de batir, hasta que la salsa adquiera la consistencia de una crema espesa y tenga un aspecto brillante. Sazonar con sal y pimienta y servir.

Las salsas

SALSAS PARA MARISCOS

SALSA ALIOLI

1 diente de ajo
2 yemas de huevo
250 ml de aceite de oliva
1 cucharada de vinagre
Sal al gusto

PREPARACIÓN:

Machacar el diente de ajo y ponerlo en el vaso de la licuadora junto con las yemas. Agregar el aceite y batir hasta conseguir una crema espesa. Sazonar e incorporar el vinagre. Volver a batir y verter en una salsera.

SALSA TÁRTARA

250 g de mayonesa
El jugo de 1/2 limón
1 cucharada de mostaza
2 cucharadas de encurtidos
1 huevo duro
1 cucharada de alcaparras
2 cucharadas de perejil molido

PREPARACIÓN:

Poner la mayonesa en un cuenco y aclararla con el jugo de limón. Añadir la mostaza, los encurtidos (cebollitas, cohombros) molidos finamente, el huevo duro molido, las alcaparras y el perejil. Revolver todo con una cuchara de madera y servir.

SALSA GOLF

250 g de mayonesa
125 g de salsa de jitomate
1 cucharadita de mostaza
1 cucharada de brandy
Sal y pimienta molida al gusto

PREPARACIÓN:

Mezclar en un cuenco la mayonesa, la salsa de jitomate, la mostaza, el brandy, sal y pimienta. Tapar con plástico de cocina y dejar en el frigorífico hasta el momento de servir.

SALSA NEWBURG

250 ml de crema de leche
  líquida
2 cucharadas de mantequilla
5 cucharadas de jerez seco
1 pizca de pimienta de cayena
3 yemas de huevo
Sal al gusto

PREPARACIÓN:

Poner la crema de leche y la mantequilla en un cazo al baño María, a fuego suave. Cuando esté caliente, pero sin hervir, añadir 4 cucharadas de jerez, la pimienta y sal. Incorporar las yemas batidas y revolver bien, con una cuchara de madera, hasta que la salsa espese. Antes de servir, agregar el jerez reservado y comprobar el punto de sal.

SALSAS PARA AVES

SALSA ROBERT

2 cebollas medianas
2 cucharadas de mantequilla
2 cucharadas de harina
100 ml de vino blanco seco
250 ml de caldo de carne
1 cohombro en vinagre
1 cucharadita de vinagre de vino
1 cucharadita de mostaza de Dijón

PREPARACIÓN:

Pelar las cebollas y molerlas finamente. Derretir la mantequilla en un cacito y rehogar la cebolla, a fuego bajo, hasta que empiece a dorarse; retirar y reservar. Agregar la harina al cazo, revolver con una cuchara de madera y, cuando la harina empiece a dorarse, añadir el vino y el caldo, sin parar de revolver para que no queden grumos. Bajar el fuego y cocer muy suavemente unos 15 minutos. Moler el cohombro e incorporarlo a la salsa, junto con el vinagre, la mostaza y la cebolla reservada. Batir todo junto en una licuadora para que quede una crema homogénea. Se puede adornar con yema de huevo cocida y rallada, o al gusto. Servir caliente.

SALSA DE PIÑA

6 rodajas de piña
1 cucharada de jugo de limón
4 cucharadas de azúcar
Nueces picadas al gusto

PREPARACIÓN:

Cortar las rodajas de piña en trocitos y ponerlos en un cazo con el azúcar y el jugo de limón. Tapar y cocer a fuego bajo unos 10-12 minutos. Dejar enfriar, agregar las nueces picadas y servir.

SALSA HUANCAÍNA CON NARANJA AGRIA

1 cebolla mediana
Ají al gusto
2 cucharadas de aceite
250 g de queso fresco
250 ml de leche evaporada
2 yemas de huevo duro
El jugo de 1 naranja
El jugo de 1 limón

PREPARACIÓN:

Desmenuzar el queso. Pelar y moler la cebolla finamente. Moler el ají sin semillas. Calentar el aceite en una sartén y rehogar la cebolla hasta que esté transparente. Batir el queso con la leche hasta formar una crema espesa y homogénea. Incorporar la cebolla escurrida, el ají y las yemas de huevo y ligar todo junto con los jugos de naranja y limón. Servir fría.

SALSA PORTEÑA

2 cucharadas de aceite de oliva
1 diente de ajo molido
1 hoja de laurel
1 cucharada de harina
1 taza de caldo
1 pizca de nuez moscada
50 g de jamón
Sal y pimienta molida al gusto

PREPARACIÓN:

Calentar el aceite en una cacerola y freír el ajo y el laurel. Agregar la harina revolviendo e incorporar el caldo, poco a poco, sin dejar de revolver con una cuchara de madera. Salpimentar, añadir la nuez moscada y cocinar a fuego lento durante 10 minutos. Antes de servir, incorporar el jamón molido y el perejil si se desea.

SALSAS PARA CARNES

SALSA MEXICANA

4 jitomates
1 pimiento rojo
2 chiles picantes

4 cucharadas
de aceite

3 dientes de ajo pelados y molidos
Sal y pimienta molida al gusto

PREPARACIÓN:

Lavar los jitomates, el pimiento y los chiles. Quitar las simientes al pimiento y trocear todo. Ponerlo en una cazuela con el aceite, los ajos, sal y pimienta; tapar y cocer a fuego suave, hasta que todo esté tierno, unos 30 minutos. Triturarlo con la licuadora y pasar por el chino. Rectificar la sazón y servir.

SILLAO AGRIDULCE

100 ml vinagre
100 ml de agua
50 ml de salsa de soja
100 ml de salsa de jitomate
100 g de azúcar
50 ml de jugo de piña
2 pimientos rojos
1 cucharada de maicena
2 rodajas de piña
Sal al gusto

PREPARACIÓN:

Poner en un cacito el vinagre, el agua, la salsa de soja, la salsa de jitomate, el azúcar, el jugo de piña y los pimientos finamente molidos.

Cocer a fuego bajo durante unos minutos. Añadir la maicena disuelta en 2 cucharadas de agua y cocinar hasta que la salsa espese. Agregar la piña cortada en trocitos, rectificar la sazón y servir.

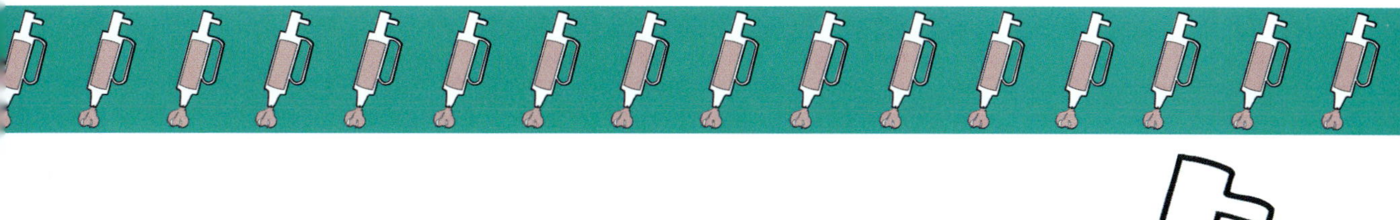

Técnicas de decoración

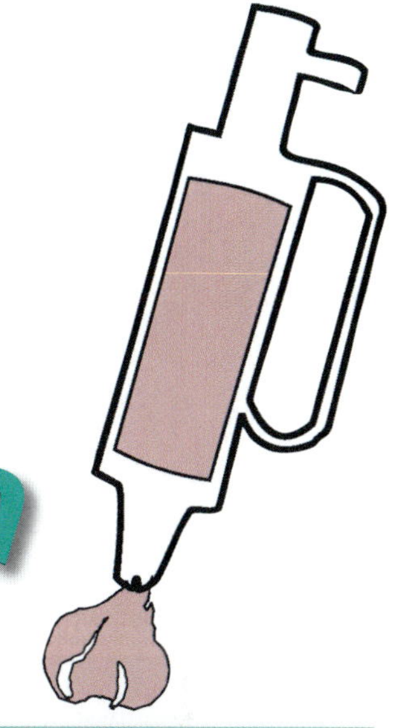

*Decoración
para platos salados*

◆

*Decoración
para platos dulces*

◆

*Decoración y recetas
de tortas*

Introducción

La decoración de los alimentos está cada vez más presente en las preparaciones culinarias actuales. Es sabido que hoy en día la presentación de un alimento es fundamental para la valoración de un plato e incluso para el disfrute de un buen manjar, ya que la vista juega un papel muy importante en este aspecto. Existen múltiples maneras de decorar un plato, ya sea dulce o salado, para que obtenga una apariencia más apetecible. A lo largo de este capítulo propondremos algunas sugerencias

que pueden resultar de gran utilidad para adornar cualquier plato y con las que puede conseguir un gran éxito ante sus familiares y amigos.

 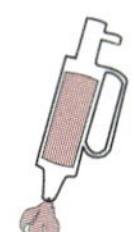

DECORACIÓN PARA PLATOS SALADOS

Decorar nuestros platos es una tarea sencilla de la que se pueden obtener resultados espectaculares. Resulta muy vistoso añadir a las comidas saladas, dependiendo de los ingredientes que se hayan utilizado, unas ramitas de perejil, hierbas molidas, aceitunas cortadas en rodajas, huevo duro picado, papas paja, etc. Si se hace una ensalada, se pueden cortar algunas hojas de lechuga en juliana y colocarlas alrededor de la misma, formando un círculo, y poner los diferentes elementos agrupados por colores dando un aspecto ordenado y «de diseño». A continuación le sugerimos algunas ideas más.

Rabanitos

Se pueden dar múltiples formas atractivas a los rabanitos para adornar los platos.

◆ Quitar los extremos y hacer cortes alrededor simulando pétalos de flor.

◆ Otro sistema es hacer unos cortes cruzados, rodajitas finas...

◆ Una vez preparados los rabanitos, hay que ponerlos en agua con hielo y dejarlos en remojo un buen rato para que se abran.

◆ Igualmente se pueden cortar en tiras finas los tallos de cebolla larga, poros, pimientos, etc., haciendo formas sin llegar a cortar del todo. Ponerlos en agua con hielo y al poco tiempo se tendrá un bonito adorno.

Técnicas de decoración

FLORES DE JITOMATE

Pelar un jitomate con ayuda de un cuchillo bien afilado y puntiagudo, teniendo cuidado para que la piel no se rompa.

◆ Envolverla sobre sí misma y darle forma de flor. Con ella podrá adornar cualquier plato salado, frío o caliente.

PURÉ DE PAPA

Se pueden hacer diferentes adornos y formas con puré de papas, bien en su color natural, o bien teñido a base de añadir color vegetal o productos naturales como jugo de espinacas, zanahorias, betabeles, etc.

◆ Una manera muy sencilla de adornar consiste en introducir el puré de papa en una manga pastelera y hacer bordes en fuentes y platos donde se servirá la comida.

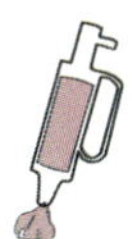

DECORACIÓN PARA PLATOS DULCES

Para las recetas dulces se pueden utilizar cremas de diferentes tonos, frutas que con sus coloridos y formas quedan espectaculares, chocolate, glasas, etc. A continuación damos algunas sugerencias para su realización.

SALSAS

Mezclando salsas, saladas o dulces, se pueden obtener atractivos platos con dibujos originales. Para su elaboración:

◆ Cubrir el fondo de un plato con crema inglesa u otra salsa cremosa dulce.

◆ Poner unas gotas de mermelada o almíbar coloreado al gusto y extenderlas con ayuda de un palillo de madera.

◆ Para platos salados, poner mayonesa u otra salsa cremosa y añadir unas cucharadas de fondo de carne o salsa de jitomate en el centro. Extender con una cucharita, mezclando parcialmente.

DECORAR CON GLASA

Se pueden adornar dulces y tortas con glaseados de diversos colores añadiendo unas gotas de colorante a la glasa natural.

◆ Para hacer la glasa, mezclar azúcar glas con clara de huevo y unas gotas de jugo de limón. Dividir en cuencos, colorear al gusto y cubrir los dulces con ella.

FRESAS

Lavar las fresas y, sin desprender las hojitas verdes, rebanar a lo largo sin que los cortes lleguen al extremo.

◆ Colocar en una superficie plana y aplastar ligeramente para que se abran.

◆ También se pueden cortar por la mitad parcialmente y separar las dos mitades, una para cada lado.

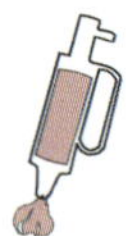

Técnicas de decoración

VIRUTAS DE CHOCOLATE

Se pueden hacer fácilmente virutas de chocolate en casa. Para ello se toma el pelador de verduras y se desliza suavemente por un lateral de la tableta de chocolate, procurando que ésta esté fría, para que no se rompa entre las manos. También se puede utilizar un cuchillo grande pero, en ese caso, deberá trabajar con mucho cuidado.

◆ Se obtendrán unas bonitas virutas que se podrán utilizar como decoración de sus tortas, *mousses*, etc.

CANASTA DE NARANJA

Con la punta de un cuchillo bien afilado, señalar en la piel de la naranja la forma de la canasta.

◆ Hacer unos cortes profundos siguiendo las marcas, retirar la piel y dejar sólo el asa.
◆ Extraer toda la pulpa con cuidado y utilizar la canasta para llenarla con frutas variadas, guindas en almíbar, hierbas, etc.

CORTES EN CÍTRICOS

Una manera de decorar con naranjas y limones es haciendo surcos en ellos. Se pueden cortar en rodajas finas y hacer un corte por un lado hasta la mitad y luego retorcerlas para formar un rizo o una espiral.

◆ Otra forma sería partir el fruto por la mitad, separar una tirita de piel por un lado y hacer un nudito con ella. También se puede cortar el cítrico primero en rodajas y luego en triángulos.

HOJAS DE CHOCOLATE

Para realizar este fácil detalle, habrá que escoger unas hojas bonitas, lavarlas y secarlas bien. Las más adecuadas son las de rosal, ya que tienen muy marcados sus nervios.

◆ A continuación fundir el chocolate, amargo o con leche, según se prefiera, en un recipiente al baño María o en el microondas.

◆ Con la ayuda de un pincel, extender el chocolate por el lado de los nervios de la hoja y dejar secar bien. Refrigerar hasta que el chocolate se endurezca.

◆ Por último, cuando ya estén bien secas y el chocolate solidificado, retirar con cuidado el chocolate de la hoja y el adorno estará listo para usar.

◆ Otra idea de fácil ejecución es cubrir con chocolate una superficie de plástico de burbujas, sin dejar al descubierto ninguna hendidura. Una vez que el chocolate se endurezca, retirar el plástico con cuidado y cortar trozos al gusto, que pueden pincharse sobre tortas, como aparece en la imagen de la primera página de este capítulo.

Técnicas de decoración

En la decoración de tortas, la gama es tan amplia que, simplemente con un poco de imaginación, se puede conseguir un acabado impactante. Como muestra damos algunas terminaciones, simples y sencillas pero perfectas para rematar una torta.

◆ Para adornar rápidamente una torta, colocar una blonda o una servilleta de papel, previamente recortada, sobre la superficie de la torta y espolvorear con azúcar pulverizada. Retirar la servilleta con cuidado y obtendrá unos bonitos dibujos.

◆ En tortas de frutas la cobertura más habitual es la mermelada. Se puede cocer la mermelada con un chorrito de licor o jugo de limón para acentuar su sabor. Colar para retirar la pulpa y extender sobre la torta. Para este tipo de tortas tam-

bién se puede utilizar una cobertura de merengue, extendiéndolo con una espátula.

◆ Otra forma sería cubrir un bizcocho relleno de mermelada con una cobertura de chocolate bien extendido. Antes de que se enfríe del todo, colocar en la superficie almendras, hojas de chocolate, caramelos u otro adorno a su gusto.

Aprovechamiento de restos

Conservación

◆

Envases

◆

Recetas

Introducción

Es muy frecuente que después de cada comida sobre parte de lo cocinado, por lo que es importante saber darle un buen uso. No es de extrañar que el aprovechamiento de restos se haya convertido en una práctica muy común, ya que no sólo se pueden elaborar nuevas recetas, sino que también ayuda a ahorrar tiempo y dinero.

A lo largo de este capítulo se proponen numerosas ideas para el aprovechamiento de los sobrantes de las preparaciones caseras, empezando por las diferentes formas de conservación y envasado, para finalizar con una serie de recetas fáciles y atractivas para mayores y pequeños.

CONSERVACIÓN

Una norma fundamental es que de la comida no se debe desperdiciar nada. Pero la idea no es simplemente recalentar las sobras de una comida; ya que hemos decidido no tirar nada, veremos que añadiendo algún que otro ingrediente y con un poco de imaginación, se pueden preparar recetas sorprendentes. Sin embargo, resulta imprescindible seguir unas pautas que ayudarán a conservar en buen estado todos los alimentos, ya que de no hacerlo de la forma adecuada, se corre el riesgo de intoxicación.

◆ Los alimentos perecederos no se deben dejar fuera del refrigerador por más de dos horas. Hay que refrigerar o congelar la comida sobrante en recipientes cuanto antes; de esta manera se mantendrá en óptimas condiciones para su posterior utilización.

◆ Por lo general, carnes, verduras, legumbres o pasta se conservan almacenados en el frigorífico entre tres y cuatro días.

◆ En el caso del pescado es mejor congelarlo o preparar la nueva receta en el mismo día o como mucho al día siguiente, pues es un alimento que se deteriora con gran facilidad.

Aprovechamiento de restos

IDEAS ÚTILES CON RESTOS

Las sobras pueden transformarse en exquisitos platos que no tienen nada que envidiar a otras recetas. A continuación damos algunas ideas para utilizar los restos de alimentos.

Arroz blanco: Se puede preparar una ensalada de arroz o utilizarlo como parte de un relleno de pimientos, de carne, etc.

Garbanzos: Se pueden hacer puré y añadirles ajo, queso, jugo de limón, albahaca, sal y aceite. Se mezcla todo bien y se sirve frío como aperitivo, acompañado de papas fritas a la inglesa para mojarlas en el puré.

Pescado: Una vez limpio y desmenuzado, puede utilizarse para croquetas o como ingrediente principal del relleno de unas empanadillas. Si es mucha cantidad, queda delicioso frío como ensalada mezclado con hortalizas al gusto.

Pollo: También el pollo puede servir para preparar una ensalada, para hacer croquetas, una omelette o para complementar diferentes pastas, rellenos para canelones, etc.

Puré de papas: Se le añaden huevos batidos, se forman bolitas y se fríen en aceite caliente. Son excelentes como guarnición.

Verduras: Se pueden emplear en una omelette, en revueltos o como guarnición.

Yemas: Se usan para ligar salsas, en repostería y para hacer omelettes agregándoles un poco de leche.

ENVASES

Existen en el mercado muchos recipientes de cierre hermético de diferentes formas y tamaños. Dentro de estos recipientes, los más apreciados son los «Tupperware», por sus buenas cualidades. Estos recipientes aguantan temperaturas que van desde los 55°C bajo cero hasta los 85°C. Su durabilidad es enorme y, aunque el precio es más elevado que la media, merecen la pena.

◆ Los alimentos sobrantes de cualquier comida deben ser envasados adecuadamente, utilizando recipientes de cierre hermético. Otra consideración importante es extraer el máximo de aire de los mismos para prevenir la oxidación de los alimentos. Para ello procure llenar los recipientes, levantar la lengüeta de las tapas y apretar en el centro para sacar el aire. Una vez que tenga los envases llenos, no debe introducirlos en el frigorífico hasta que el contenido no esté frío.

◆ Además de los recipientes rígidos también se pueden utilizar bolsas adecuadas para este fin. Para que salga el aire antes de cerrarlas, basta con apretar cuidadosamente la bolsa.

◆ El film y el papel de aluminio son muy útiles también en la cocina diaria y están especialmente indicados para la conservación de restos. El film es muy práctico para sobras que vayan a consumirse en poco tiempo y el papel de aluminio le puede servir para conservar todo tipo de restos como charcutería o platos cocinados.

◆ Si lo que desea es congelar los alimentos sobrantes para su posterior utilización, siga los pasos indicados en el capítulo de *Técnicas de congelación*.

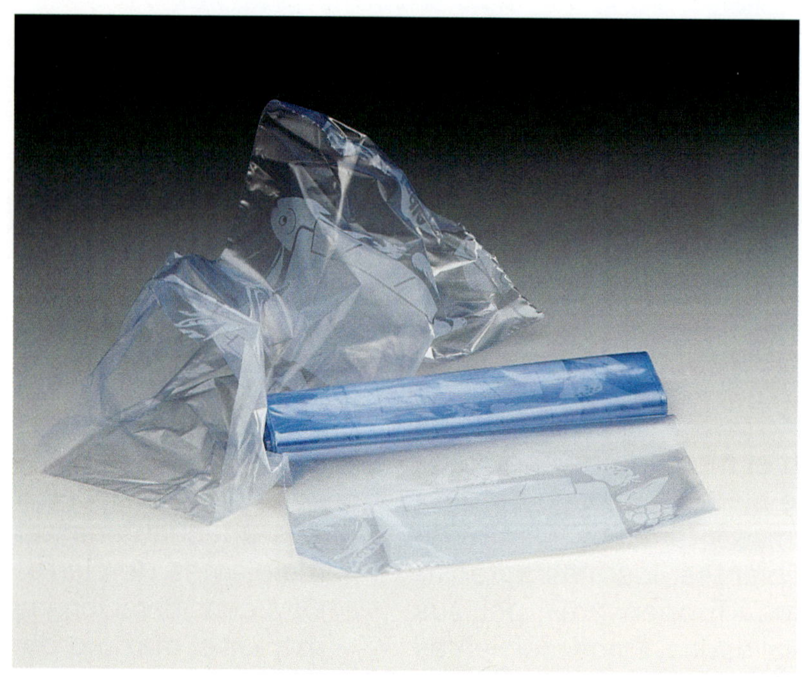

ENSALADA DE ARROZ CON PALITOS

INGREDIENTES

- *300 g arroz cocido (sobrante)*
- *1 pimiento morrón*
- *1 pimiento verde*
- *1 cebolla larga*
- *2 huevos duros*
- *150 g de palitos de cangrejo*
- *150 g de mayonesa*
- *1 yogur natural*

Colocar en una ensaladera el arroz y agregar los pimientos, la cebolleta, los palitos de cangrejo y los huevos pelados, todo troceado finamente y mezclarlo con cuidado.

A continuación, mezclar la mayonesa y el yogur y verter sobre la ensalada. Revolver cuidadosamente con una cuchara y servir.

CROQUETAS DE POLLO

INGREDIENTES

300 g de pechuga de pollo
  (sobrante)
3 huevos
2 cucharadas de harina

400 ml de leche
50 g de pan molido
250 ml de aceite de oliva
Sal y pimienta blanca molida

PASO 1

Quitar la piel y los huesos a la pechuga, trocearla y ponerla en un robot o picadora. Cocer 2 huevos en agua hirviendo durante 10 minutos; pelarlos y ponerlos en el robot junto con la pechuga. Moler ambos ingredientes hasta que estén menudos.

PASO 2

Calentar 4 cucharadas de aceite en una sartén al fuego y añadir la harina; rehogar ligeramente e incorporar la leche, poco a poco, sin dejar de mover con una cuchara de madera hasta que espese. Agregar la pechuga y los huevos y cocer 5 minutos, sin dejar de mover. Salpimentar, verter en una fuente y dejar enfriar.

PASO 3

Una vez que la masa esté fría, batir en un plato el huevo restante y en otro plato poner el pan molido. Ir tomando cucharadas de masa y pasarlas por el huevo, a continuación por el pan y darles forma de croqueta. Calentar el aceite restante en una sartén y freír las croquetas. Dejar escurrir sobre papel absorbente y servir.

CREPAS DE PESCADO Y MARISCO

INGREDIENTES

- 100 g de zanahorias
- 1 cebolla pequeña
- 100 g de hongos
- 4 cucharadas de mantequilla
- 150 g de camarones
- 250 g de pescado blanco cocinado y desmenuzado (sobrante)
- 120 g de harina
- 2 huevos
- 1/2 litro de leche
- 2 cucharadas de queso molido
- Sal y pimienta

Pelar las zanahorias y la cebolla y cortar en juliana junto con los hongos. Derretir una cucharada de mantequilla y rehogar las hortalizas durante 10 minutos. Agregar los camarones y cuando cambien de color añadir el pescado. Sazonar con sal y pimienta, cocinar durante un par de minutos y apartar del fuego.

Preparar las crepas: poner en la licuadora 100 g de harina, los huevos y la mitad de la leche y batir. Dejar reposar 10 minutos. Engrasar una sartén antiadherente con mantequilla y hacer las crepas dorándolas por ambos lados. Rellenarlas con el relleno de pescado y colocarlas en una fuente refractaria.

Hacer una bechamel con la mantequilla, la harina y la leche restantes. Sazonar y cubrir las crepas. Espolvorear con el queso e introducir la fuente en el horno, con el gratinador encendido, hasta que estén doradas.

BOLAS DE ESPINACAS

INGREDIENTES

800 g de espinacas (sobrantes)
1 cucharada de mantequilla
Nuez moscada
2 huevos
1 cebolla

2 cucharadas de queso
  molido
150 g de pan molido
Aceite para freír
Sal y pimienta molida

PASO 1

Poner las espinacas en un recipiente y agregar la mantequilla derretida. Añadir sal, pimienta, nuez moscada, 1 huevo, la cebolla, 2 cucharadas de pan y el queso molidos. Es importante trabajar bien la mezcla para que el pan y el queso se empapen y el preparado quede homogéneo.

PASO 2

Tomar cucharadas del preparado y formar unas bolas con la mano. Batir el huevo restante en un cuenco y pasar las bolas de espinacas por el pan molido y seguidamente por el huevo batido. Finalmente, pasar de nuevo por el pan molido. Hay que procurar que las bolas queden bien apretadas, con el fin de que no se abran.

PASO 3

Freír las bolas de espinacas en aceite caliente, hasta que estén doradas por todos los lados. Retirarlas con una espumadera, escurrirlas sobre papel absorbente y servir como primer plato acompañadas con salsa de jitomate, o como acompañamiento de una carne.
Esta receta la podemos hacer del mismo modo con cualquier otra verdura sobrante.

OMELETTE DE ESPAGUETIS

INGREDIENTES

350 g de espaguetis cocidos (sobrantes)
1 cucharadita de perejil molido
2 cucharadas de mantequilla

100 g de queso parmesano molido
4 huevos
Sal y pimienta molida

PASO 1

Poner los espaguetis en un cuenco, salpimentar, añadir el perejil molido y 1 cucharada de mantequilla; mezclar todo bien. Agregar el queso y mezclar nuevamente.

PASO 2

Batir los huevos en otro cuenco y añadir a la pasta, mezclándolos bien. En una sartén antiadherente, derretir la mantequilla restante y, cuando esté caliente, verter la mezcla de huevos y pasta.

PASO 3

Cuajar a fuego medio por un lado 2-3 minutos, dar la vuelta y cuajar otros 3-4 minutos. Servir acompañada de salsa de jitomate o al gusto.

BUDÍN DE PAN

INGREDIENTES

6 cucharadas de azúcar

1 cucharadita de agua

1 trozo de cáscara de limón

4 huevos

100 g de pan (del día anterior)

1/2 litro de leche

150 g de crema de leche batida

Hacer un caramelo con dos cucharadas de azúcar y el agua y caramelizar el fondo de una flanera.

Poner la leche en un cazo con el azúcar restante y la cáscara de limón. Acercarla al fuego y cuando comience a hervir apartarla.

A continuación, batir los huevos en un cuenco y agregar el pan desmenuzado, regar con la leche, dejar unos minutos y verter en la flanera caramelizada. Poner una taza de agua en la olla a presión, cubrir la flanera con papel de aluminio y colocarla en la olla. Tapar y, cuando alcance la presión, cocinar 5 minutos. Cuando la olla pierda la presión, abrirla, sacar la flanera y dejar enfriar.

Desmoldar el budín y servir adornado con crema de leche batida, frambuesas u otra fruta al gusto.

Las bebidas

El vino

◆

Los cócteles

◆

Jugos

◆

Café, té y otras infusiones

Introducción

Las bebidas no sólo son imprescindibles como aporte de líquido vital para el ser humano, sino que también lo son como acompañamiento de los alimentos en todas sus preparaciones. En este capítulo hablaremos del vino, complemento excelente de cualquier comida, y de los licores y los cócteles, siempre presentes en ocasiones especiales. Por último, daremos un repaso a los principales tipos de cafés y a las diferentes infusiones, que nos reconfortarán en cualquier momento del día.

EL VINO

LA TIERRA

Las características de la tierra en la que se cultivan las vides son el primer factor que influye de forma fundamental en la calidad de las uvas que se utilizarán en la producción del vino.

◆ Los elementos que constituyen la composición del terreno proporcionan a las plantas los nutrientes necesarios para su desarrollo y su abundancia o escasez determinan la calidad de la uva. La materia orgánica y nitrogenada es imprescindible para el crecimiento de la planta; sin embargo, un exceso de ésta puede influir negativamente en la calidad aunque potencie la abundancia de producción.

◆ Aquellos terrenos que están bien dotados de caliza producen vinos de gran calidad, sobre todo si existe una buena proporción de potasio y fósforo y una cantidad equilibrada de hierro.

◆ Es también importante que la textura del terreno permita una absorción adecuada del agua, pero sin embargo que tenga la capacidad suficiente de drenaje para poder eliminar el exceso de humedad que ocasionalmente pudiera producirse y que podría llegar a perjudicar a las raíces de las vides, e incluso eventualmente a pudrirlas. Asimismo es fundamental que la tierra no sea excesivamente compacta, pues esto impe-

diría la correcta penetración de las raíces en ella.

◆ Las vides tienen una gran capacidad de adaptación a los terrenos más inhóspitos, pero sólo aquellos que reúnan las cualidades que hemos descrito harán posible la obtención de uvas destinadas a producir vinos que podamos calificar de excelentes.

DESCORCHAR: ANTES Y DESPUÉS

La temperatura del servicio del vino es fundamental para una correcta apreciación de sus características. Así, el vino blanco joven y el cava deben servirse a 6 °C. Rosados y blancos con crianza pueden alcanzar los 7 °C y los 8 °C. Tintos jóvenes deben servirse entre 12 °C y 14 °C y los tintos con crianza entre 16 °C y 18 °C. Esta temperatura es también la adecuada para los vinos generosos, con la excepción de los finos y manzanillas que deben servirse entre los 6 °C y los 7 °C. Para enfriar un vino no se debe utilizar el congelador. La mejor opción es una cubitera con agua, hielo y sal.

◆ Antes de descorchar una botella, utilice un cortacápsulas o una navajilla para retirar la parte metálica que cubre el corcho. A continuación, limpie el borde del cuello de la botella con un trapo húmedo para retirar cualquier resto de polvo o suciedad y, por último, proceda a retirar el tapón con la ayuda de un sacacorchos. Una advertencia: si el sacacorchos es de tipo giratorio, no gire nunca la botella, manténgala sujeta con firmeza y actúe girando el sacacorchos.

◆ Por último, en el caso de los vinos tintos con crianza y sobre todo si son reservas o grandes reservas, abra la botella con al menos 30 minutos de anticipación o, mejor todavía, decántelo en un recipiente de cristal en el que pueda respirar, así como mostrarse en todo su esplendor.

INTRODUCCIÓN A LA CATA

Catar un vino es una operación que para algunos puede parecer un proceso complejo y reservado tan sólo a unos pocos profesionales altamente especializados. La realidad es que siguiendo los pasos de las cuatro fases de la cata y unas indicaciones básicas, cualquier persona que posea un nivel medio de gusto y sensibilidad olfativa, puede realizar la cata de un vino y consignarle una apreciación totalmente adecuada.

◆ En primer lugar pasemos a la fase visual, que dividiremos en tres apartados. Comenzaremos por el color, en el que podremos identificar el origen del vino, una vez que hayamos acumulado una cierta experiencia. También nos dará una orientación sobre su edad. Así los vinos más jóvenes presentarán un color granate intenso y brillante que en los vinos de más edad irá evolucionando hacia el marrón, con tonos ligeramente dorados y menor intensidad, perdiendo asimismo parte de la transparencia. Estas apreciaciones se complementarán con la limpidez del vino, que no deberá presentarse turbio bajo ninguna circunstancia.

◆ Una vez que la fase visual ha merecido nuestra apreciación, pasaremos a la fase olfativa, la cual es sin duda la de mayor importancia a la hora de calificar las cualidades de un vino. Empezaremos por dar a la copa un suave movimiento rotatorio, para que se desprendan los aromas primarios del vino. Son los aromas florales y frutales, que proceden de los hollejos y la pulpa de la uva y que nos recordarán a frutas rojas, damasco, plátano (banano), hierba y otras sensaciones similares. Si continuamos con esta fase, obtendremos una segunda ronda de aromas lácteos, a maderas, café, etc.

◆ El proceso continúa una vez ingerido el vino, al percibir por vía retronasal toda una gama de sensaciones que unen a las anteriores otras más complejas en las que puede aparecer el tabaco, el cuero, los frutos secos y muchas otras.

◆ El gusto se complementa con las sensaciones táctiles y, en cuanto al análisis del vino, suele dividirse en tres períodos. El primero se denomina *ataque*, y es la primera sensación al introducir el vino en la boca. En ella se aprecian los sabores dulces, lo cual es lógico, pues estos sabores se reconocen en la punta de la lengua. La segunda fase, denominada *evolución*, impregna toda la boca, así como la lengua, del líquido y en ella se perciben sobre todo los sabores ácidos, que son detectados por la base y los laterales de la lengua. Por último y al tragar, se determinan los sabores amargos en la parte posterior de la lengua. El cuarto sabor, el salado, no es frecuente en la ingestión del vino y, en caso de aparecer, es totalmente negativo para la calificación. Se determina en los laterales anteriores de la lengua.

◆ Por último, las sensaciones táctiles y térmicas complementarán nuestro análisis. El vino puede ser suave o áspero, astringente, robusto o con cuerpo y todo ello debe complementar las percepciones anteriores para que al final tengamos un recuerdo placentero

de su ingestión. Cuanto más tiempo dure este recuerdo en nuestras papilas, mejor es el vino que hemos tomado.

◆ Cabe señalar que algunos vinos que poseen exceso de alcohol pueden aportar falsas sensaciones térmicas que no son en absoluto agradables.

◆ Para finalizar, debemos hablar del término «acorchado»; cuando decimos que un vino sabe a corcho, realmente se trata de sabores que éste ha comunicado por descomposición del mismo a causa de ciertos microorganismos que lo

atacan. Le sugerimos que en este caso descarte este vino y abra otra botella.

LOS MARIDAJES

Los diferentes alimentos, tanto por separado como en combinación con otros, casan en mejor o peor medida con los diferentes vinos. Evidentemente, el gusto particular de cada uno marcará la última palabra en la elección, pero hemos querido dar algunas indicaciones, que sin duda le serán de ayuda.

VINOS BLANCOS JÓVENES

Mariscos cocidos y a la plancha.

Pasta con setas y mariscos.

Pescados blancos fritos o en guiso.

Arroces marineros y de verduras.

Huevos revueltos o en omelette.

Verduras cocidas o a la plancha.

Quesos de cabra u oveja poco curados.

VINOS BLANCOS CON CRIANZA

Pescados azules, cefalópodos (pulpo, calamar...).

Pollo y pavo guisados, asados o a la plancha.

Mamón frito o guisado.

Sesos, criadillas y mollejas.

Cocina china (cantonesa).

VINOS BLANCOS SEMIDULCES

Foie-gras.
Quesos fermentados.
Platos con vinagre.

Las bebidas

Arroces con aves.

Pasta con aves y mamón.

Pollo en todas sus
modalidades.

Guisos de legumbres.

Menestras de verduras.

Carnes blancas.
Guisos de legumbres.
Arroces con caza.
Embutidos sin picante.
Pasta.

VINOS TINTOS CON CRIANZA

Carnes rojas.

Caza.

Quesos curados.

Guisos potentes.

Hojaldres con puerco
o caza.

CAVAS Y CHAMPAGNES

Aunque esta bebida tenga una perfecta combinación con aves y pescados, la realidad es que es susceptible de beberse con prácticamente cualquier alimento o plato.

Las bebidas

Espárragos.
Caviar.
Embutidos y salazones.
Quesos curados.
Pescados ahumados y fritos.
Frutos secos.
Cocina india y mexicana.

OLOROSOS, AMONTILLADOS Y PALOS CORTADOS

Caza de pelo y pluma.
Quesos muy curados.
Frutos secos.

LOS CÓCTELES

En las últimas décadas, el cóctel como tal bebida no ha disfrutado de la popularidad que tuvo en tiempos anteriores. Sin embargo en la década de 1980 empezó a renacer el gusto por la coctelería, con todo lo que de refinamiento, educación del gusto y placer de la compartición representa.

◆ A continuación le proponemos las más deliciosas mezclas y combinaciones de todos los orígenes. Hay que tener en cuenta que, cuando se indica 1 medida, ésta equivale a 4 cucharadas soperas o 5 mililitros. Las cantidades dadas son para una persona si no se indica lo contrario.

DRY MARTINI

1 medida de ginebra
3 gotas de vermut blanco
  seco
1 aceituna
Cubitos de hielo

Mezclar los licores y el hielo en el vaso mezclador. Colar sobre una copa de cóctel. Adornar con la aceituna pinchada en un palillo.

UTENSILIOS Y ACCESORIOS PARA PREPARAR CÓCTELES

Para preparar un cóctel se recomienda utilizar los accesorios y utensilios clásicos destinados a tal fin, aunque en la mayoría de los casos es posible sustituirlos por otros de uso cotidiano: por ejemplo, si no disponemos de un jigger, que es un instrumento para medir las cantidades y que integra dos medidas universales (dos onzas y una onza), podemos usar una cuchara. En función del tipo de cóctel que queramos preparar, probablemente necesitaremos alguno de los siguientes utensilios:

- Vaso mezclador. Se utiliza para los cócteles que no necesitan de la agitación de sus componentes.
- Coctelera metálica clásica. Aunque resulta imprescindible para el especialista, puede ser sustituida por cualquier otro recipiente con cierre hermético.
- Exprimidor. Puede ser necesario cuando queramos usar nuestros propios jugos de frutas en ciertos cócteles.
- Agitador o cuchara larga. Se usa para remover el contenido del vaso mezclador.
- Colador. Evita que caigan, por ejemplo, cubitos de hielo, cáscaras o semillas de frutas en el momento de servir el cóctel en la copa o el vaso.
- Batidora o licuadora. Se utilizan para los cócteles que exigen que las bebidas queden bien batidas y mezcladas con hielo picado.

GIN COBBLER

1 medida de ginebra
1/2 medida de curaçao
1 cucharada de azúcar
El jugo de 1 limón

Verter los ingredientes en un vaso alto con hielo picado. Revolver suavemente y decorar con fruta fresca.

MARTÍNEZ

1 1/2 medidas de ginebra
1/2 medida de vermut francés
3 gotas de curaçao
2 gotas de bíter de naranja

Verter todos los ingredientes en el vaso mezclador con hielo. Revolver y colar sobre una copa de cóctel.

ALEXANDER

1 1/2 medidas de ginebra
1 medida de crema de cacao
3/4 de medida de leche
1 cucharadita de cacao en polvo

Verter todos los ingredientes excepto el cacao en la coctelera con hielo. Agitar bien y colar sobre una copa de cóctel. Espolvorear el cacao por encima.

Las bebidas

TOM COLLINS

1 medida ginebra
El jugo de 1 limón
Unas gotas de almíbar
Soda al gusto
1/2 rodaja de limón

Preparar directamente en vaso alto mezclando todos los ingredientes, excepto la soda, con 4 o 5 cubitos de hielo. Revolver con el agitador y añadir soda al gusto. Decorar con la media rodaja de limón.

BIJOU

1 medida de ginebra
1 medida de chartreuse verde
1 medida de vermut dulce
2 gotas de angostura

Mezclar los ingredientes en el vaso mezclador, con hielo. Colar sobre un vaso corto. Exprimir una rodaja de limón y decorar al gusto.

CARUSO

1 medida de ginebra
1 medida de vermut seco
1 medida de crema de menta

Verter todos los ingredientes en la coctelera con hielo. Agitar enérgicamente y colar sobre una copa de cóctel. Decorar con una ramita de menta o similar.

PINK LADY

2/3 de medida de ginebra
1/3 de medida de jugo de limón
3 gotas de granadina
1 clara de huevo

Verter los ingredientes en la coctelera con hielo. Agitar bien y colar sobre una copa de cóctel. Decorar con un trocito de limón y una guinda.

Las bebidas

COMPOSICIÓN DE UN CÓCTEL

Según los cánones clásicos, un cóctel no debería estar elaborado con más de cinco productos, incluidos los que se utilizan para adornar:

- Es recomendable que tenga sólo un licor de base (aunque puede tener más), que suele ser un destilado fuerte, como ginebra, tequila, vodka, whisky, ron, etc.
- Además del licor o licores de base, se pueden añadir otros menos fuertes o cremas de licores, que sirven para darle color o endulzarlo, al mismo tiempo que lo rebajan. Es el caso, por ejemplo, del cointreau, el curaçao o el vermut.
- Finalmente, puede llevar también aditivos como gotas de limón, jugos de frutas, café, refrescos o especias, así como algún adorno: rodajas y trozos de fruta, ramitas de menta, guindas confitadas, etc.
- El contenido habitual de un cóctel es de tres onzas o 90 mililitros, aunque algunos, en especial los refrescantes, pueden tener el doble o más.

MARA

2 medidas de ginebra
1 medida de curaçao azul
1/2 medida de cordial

Verter los ingredientes en el vaso mezclador con hielo. Revolver con el agitador y verter sobre una copa de cóctel. Decorar al gusto.

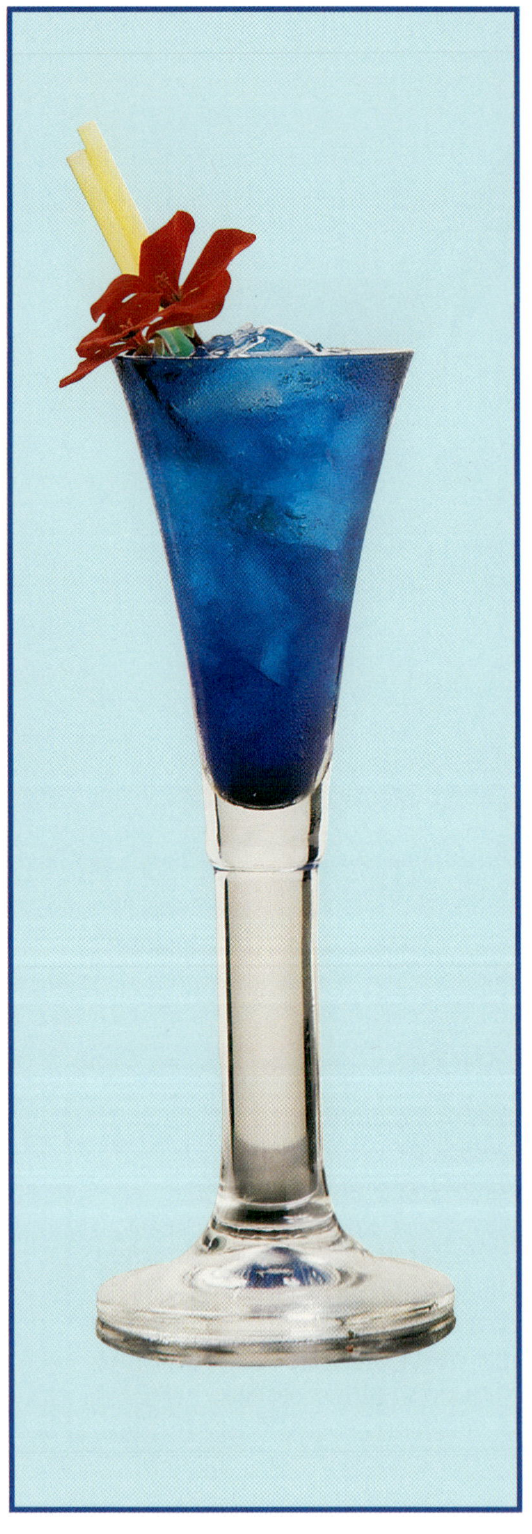

GIN FLIP

2 medidas de ginebra
1 medida de crema de cacao
1 cucharadita de azúcar
1 yema de huevo

Verter todos los ingredientes en la coctelera con hielo. Agitar enérgicamente y colar sobre una copa. Decorar con virutas de chocolate.

MAH-JONG

1 medida de ginebra
1/2 medida de ron oscuro
1/2 medida de cointreau

Verter todos los ingredientes en la coctelera. Agitar enérgicamente y colar sobre un vaso corto, con cubitos de hielo. Decorar al gusto.

VASOS Y COPAS DE CÓCTEL

Para preparar un buen cóctel, además de usar bien los ingredientes y las proporciones, es recomendable tener en cuenta que, por ejemplo, cada combinado tiene su vaso o copa más adecuados y su forma de servirlo. Estos son los recipientes clásicos que, no obstante, pueden ser sustituidos por otros similares que se tengan más a mano:

- Copa de cóctel. La parte superior es abierta y permite colocar una decoración; su capacidad máxima es de unos 120 mililitros. Propio de los short-drinks o tragos cortos.

- Copa de champán. Es muy ancha por arriba y se utiliza para servir daiquiris y otras combinaciones con mucho hielo picado (aperitivos y digestivos). Tiene una capacidad de unos 150 mililitros.

- Vaso alto. Es uno de los más utilizados, ideal para long-drinks o tragos largos (cócteles refrescantes y como postre). Suele tener una capacidad media de 360 mililitros.

- Vaso medio. También ideal para tragos largos, tiene una capacidad media de 300 mililitros.

- Vaso old-fashioned. Ideal para los tragos largos. Su capacidad media es de unos 180 mililitros.

- Otros vasos más específicos de determinados cócteles son, por ejemplo, el vaso sour, la copa globo, la copa tulipán, el vaso toddy o la copa flauta.

MINT TEQUILA

3/4 de medida tequila
6 hojas de menta
1/4 de medida de jugo
  de limón
1 cucharadita de
  azúcar
Un casco de limón

Verter todos los ingredientes en la licuadora con 1/2 taza de hielo picado. Utilizar velocidad media durante 20 segundos. Servir en una copa de cóctel y adornar con el limón.

MEXICOLA

1 medida de tequila
El jugo de 1/2 lima
Refresco de cola
  al gusto

Verter todos los ingredientes en un vaso con cubitos de hielo y llenar con refresco de cola.

ADELITA

3 medidas de tequila
1/2 medida de kahlúa
Unas gotas de jugo de limón

Verter los ingredientes en la coctelera con hielo picado. Agitar bien y colar sobre una copa de cóctel.

TEQUILA SUNRISE

1 medida de tequila
2 medidas de jugo de naranja
1/2 medida de granadina
1/2 rodaja de limón
2 guindas en almíbar

Mezclar el tequila, el jugo de naranja y hielo picado en la coctelera. Colar sobre un vaso alto. Añadir cubitos de hielo hasta llenar el vaso casi por completo. Verter lentamente la granadina y dejar que se asiente. Adornar con la rodaja de limón y las guindas. Introducir un agitador o unas pajitas para revolver.

MEXICANA

3/4 de medida de tequila
1/2 medida de jugo de limón
1 cucharadita de jugo de piña
1 cucharadita de granadina

Mezclar los ingredientes en la coctelera con hielo. Colar sobre una copa de cóctel y adornar con cáscara de limón.

TEQUINI

1 medida de tequila
1/2 medida de vermut seco

Mezclar los ingredientes en el vaso mezclador con hielo. Colar sobre una copa de cóctel. Decorar con un trocito de cáscara de limón y una aceituna pinchada en un palillo.

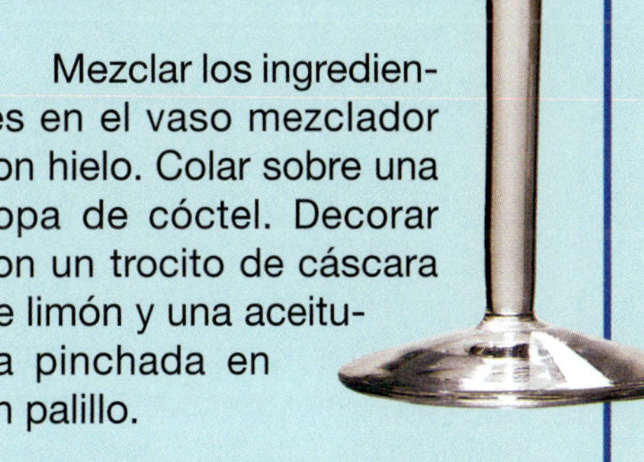

Las bebidas

UN CÓCTEL PARA CADA OCASIÓN

Dependiendo de las combinaciones de los diferentes licores, se recomienda uno u otro tipo de cóctel para los diferentes momentos del día:

- Aperitivos. Son tragos cortos que se beben antes de comer para estimular el apetito y tienen mucho alcohol. Normalmente son secos. El más famoso es el Dry Martini.
- After dinner o digestivos. Tragos cortos para tomar después de las comidas, que suelen llevar un alto contenido alcohólico. Un ejemplo clásico es el Alexander.
- Refrescantes. Son ideales para quitar la sed; combinan licores con bebidas sódicas y mucho hielo.
- Postres. Cócteles suaves y densos en cuanto a su composición (cava o champán, licores de cremas, jugos, trozos de fruta...), casi siempre dulces. Un clásico: el Daiquiri en sus múltiples versiones.
- También hay numerosos cócteles sin alcohol, tales como el Bora-Bora, el Tuttifrutti o el Rail Spliter.

AMERICANO

1/2 medida de Campari
1/2 medida de vermut rojo
Soda al gusto

Mezclar directamente en una copa de cóctel con 2 cubitos de hielo. Decorar con una rodajita de limón y unas hojitas de hierbabuena.

VERANO GENOVÉS

2 medidas de aguardiente de pera
1 botellín de bíter de naranja
1/2 medida de jugo de naranja

Verter los ingredientes sobre una copa ancha de cóctel con cubitos de hielo, en el orden indicado. Decorar con una rodaja de limón y frutas al gusto.

ZELANDÍSIMO

2 medidas de licor de kiwi
1 medida de aguardiente de orujo
Un chorrito de soda

Verter los ingredientes en la coctelera con hielo. Agitar bien y colar sobre una copa de cóctel. Decorar con frutas.

JUGOS

Los jugos son una manera estupenda de disfrutar de las frutas y hortalizas; con ellos no sólo obtenemos todas las vitaminas y los nutrientes de estos alimentos sino que también, y mediante diferentes combinaciones, podemos conseguir unas deliciosas bebidas sanas y sabrosas. Proponemos algunas ideas.

JUGO ANTIOXIDANTE

Ingredientes para 4 personas:

6 naranjas
3 zanahorias

Pelar las naranjas y las zanahorias; pasar por la extractora de jugos y beber en el momento.

JUGO DE UVAS

Ingredientes para 4 personas:

600 g de uvas
El jugo de 1 limón
1 kiwi

Lavar las uvas y pelar el kiwi; pasarlos por la extractora de jugos, recoger el jugo y añadir el jugo de limón. Servir al momento, adornado al gusto.

JUGO DE MANGO Y PIÑA

Ingredientes para 4 personas:

1 mango maduro
500 ml de jugo de piña
250 ml de jugo de naranja
1 cucharada de jugo de limón

Pelar el mango y trocearlo; ponerlo en el vaso de la licuadora con el jugo de piña y triturarlo; colar. Añadir los demás jugos y batir hasta que quede cremoso. Servir al momento, frío.

JUGO DE JITOMATE SABROSO

Ingredientes para 4 personas:

4 jitomates
1 chorrito de jerez (opcional)
Sal y pimienta molida al gusto

Lavar los jitomates, grandes y maduros, y pasarlos por la extractora de jugos (o triturar con la licuadora y pasar por el chino). Servir en un vaso alto lleno de hielo, con sal y pimienta y, si lo desea, un chorrito de jerez (en este caso, recibe el nombre de Bloody Sherry).

JUGO DE PATILLA

Ingredientes para 4 personas:

1 kilo de patilla
1 limón
1 naranja
25 g de azúcar

Pelar la patilla, el limón y la naranja y trocear retirando las pepitas. Pasar los trozos de fruta por una licuadora potente hasta conseguir un puré homogéneo. Colar el jugo para quitar todo resto de filamentos. Poner unos cubitos de hielo en una jarra y añadir el jugo obtenido. Incorporar un chorro de agua al gusto y agregar el azúcar. Revolver bien para disolver el azúcar y servir bien frío.

CAFÉ, TÉ Y OTRAS INFUSIONES

CAFÉ

Cuenta la leyenda que un pastor etíope fue el descubridor del café. Su rebaño se comportaba por las noches de forma extraña e inquieta y esto le tenía preocupado. Por fin, descubrió a qué se debía: los animales habían comido los frutos de un arbusto que crecía por aquello parajes.

- Este arbusto era el cafeto. Sus semillas, convenientemente tostadas, molidas y preparadas en infusión, constituyen una bebida apreciada desde la antigüedad.

- A Europa llegó con la invasión musulmana y de España pasó a América, donde encontró suelo y clima muy favorables.

- El café contiene elementos energéticos (glúcidos, lípidos y proteínas) y elementos minerales (potasio, magnesio y vitaminas del grupo B); pero sobre todo contiene cafeína.

- Existe una gran variedad de especies, entre las que debemos destacar la arábica (Brasil, Kenia, Papúa-Nueva Guinea, Colombia, etc.) y la robusta (Guinea, Camerún, etc.). Dada su gran divulgación, se han ido inventando múltiples maneras de prepararlo, entre las que queremos destacar las siguientes.

·COFFEE·

Las bebidas

TÉ

Descubierto, según cuenta la leyenda, por el emperador chino Shen Nong, el té es sin duda una de las bebidas más extendidas en todo el mundo. Proviene de la planta *Camellia Sinensis* y se clasifica según el secado de sus hojas, dando lugar al té verde, no fermentado y torrefactado directamente después de la recogida, al té negro, fermentado y desecado, y al té Oolong, intermedio entre los anteriores.

◆ Al té se le han atribuido numerosas sustancias beneficiosas para la salud, como antioxidantes, aminoácidos, vitaminas y minerales, componentes con efectos anticancerígenos, antiinflamatorios, antibacteriales, antihipertensivos y estimuladores del sistema inmunológico.

◆ Existen numerosas formas de prepararlo, dependiendo de la hora del día en que se vaya a consumir. A continuación damos algunas de ellas.

Ocasiones especiales

- *Bufés*
- ◆
- *Fiestas infantiles*
- ◆
- *Al aire libre*
- ◆
- *Navidad*
- ◆
- *Otras fiestas*
- ◆
- *Consejos e ideas para la mesa*

Introducción

Las reuniones de familiares y amigos, o cualquier tipo de celebración, son las ocasiones idóneas para preparar una comida especial. No cabe duda de que al elegir el menú, presentar los platos y poner la mesa debemos tener en cuenta tanto el ámbito (interior o exterior) como la ocasión (reunión o fiesta informal, celebración familar...) en que vamos a recibir a nuestros invitados, con el propósito de que éstos se sientan cómodos y disfruten del momento.

A lo largo de este capítulo facilitaremos diferentes menús para cada tipo de compromiso, como bufés, fiestas infantiles, navidades y otras ocasiones especiales. También sugeriremos detalladas recetas y sus modos de presentarlas, así como ideas para planificar las comidas, de manera que los ágapes que organicemos tengan siempre el éxito asegurado.

BUFÉS

El bufé constituye una forma de reunión muy agradable, en la que los comensales se relacionan entre sí con mucha facilidad. Su ventaja primordial es que la comida puede prepararse con antelación, ya sean platos fríos o calientes. Si hemos decidido combinar platos calientes y fríos, es recomendable que estos últimos estén en la mesa al principio, para llevar los calientes en el momento que los necesitemos. Resulta muy cómodo para los anfitriones, sobre todo si no se dispone de ayuda en la cocina.

◆ A la hora de hacer un bufé, la organización es fundamental, por lo que se recomienda acondicionar dos mesas, una para colocar los alimentos y otra para las bebidas. Los cubiertos estarán agrupados en un lado con las servilletas y los cubiertos de servir se colocarán dentro de cada fuente.

◆ Conviene que los platos no estén contados y poner más de los necesarios, por si algún comensal desea cambiárselo por algún motivo.

◆ Las bebidas deben estar en la mesita de las copas y vasos, aunque los anfitriones estarán pendientes para cuando los invitados necesiten rellenar las copas.

◆ A continuación proponemos algunos platos adecuados para estas cenas y comidas, así como algunas sugerencias de menús.

LOMO AL HORNO

Ingredientes para 6 personas:

1 kilo de lomo de res
1 cebolla grande
2 dientes de ajo
1 cucharada de manteca de puerco
1 cucharada de jerez seco
500 ml de caldo
Sal y pimienta negra molida al gusto

Pelar la cebolla y los ajos, trocearlos finitos y repartirlos sobre una bandeja de horno. Colocar sobre ellos la carne, atada con un cordel de cocina, salpimentada y con la manteca por encima. Introducir en el horno, precalentado a 180 °C (350 °F), durante 30 minutos; dar la vuelta a la carne, regarla con el caldo y el jerez y asar durante 20 minutos más. Servir la carne fría cortada en rebanadas finas y con la salsa bien caliente en salsera aparte. (Ver foto en página siguiente).

MOLDE DE TRUCHA

Ingredientes para 6 personas:

300 g de trucha asalmonada
1 sobre de gelatina en polvo sin sabor
1 cucharada de vermut blanco seco
Unas hojas de perejil
250 g de mayonesa
1 cucharada de eneldo

Limpiar las truchas, cocerlas y trocearlas, quitando la piel y las espinas. Preparar la gelatina, añadirle el vermut y verter una parte, junto con el perejil, en el fondo del molde. Mezclar la gelatina restante con la mayonesa, la trucha y el eneldo y llenar el molde con el preparado. Dejar cuajar en el frigorífico, desmoldar y servir.

ROLLITOS DE JAMÓN

Ingredientes para 6 personas:

400 g de jamón de york en lonchas
100 g de queso azul
3 cucharadas de mantequilla

Poner las lonchas de jamón en una superficie plana y untar con una mezcla hecha con el queso y la mantequilla. Enrollar sobre sí mismas y envolver los rollitos en papel de aluminio. Introducirlos en el congelador durante 2 horas y dejar en el frigorífico hasta la hora de servir. Desenvolver y cortar en rebanadas finas.

SUGERENCIAS DE MENÚS PARA BUFÉS

El menú debe organizarse de manera que resulte atractivo a la vista, al paladar y que, a su vez, reúna un sentido dietético. A continuación sugerimos tres ejemplos, acompañándolos de dos recetas de cada uno.

MENÚ 1
Hojaldritos rellenos de salmón
Brochetas de jitomates cherry con jamón
Ensalada de pasta
Piruletas de parmesano
Salmón en gelatina
Pularda rellena
Jamón de fiesta
Frutas al champán
Torta de chocolate

MENÚ 2
Dip de cebolla
Cebiche
Empanadillas
Sopa de elote
Pastel de pescado
Rollo de carne
Mousse de chocolate
Cesta de patilla

MENÚ 3
Ciruelas con beicon
Crema de zapallo
Fajitas
Ensalada verde
Gazpacho
Pescado en escabeche
Flautas
Dulces de coco
Cóctel de jugos

PIRULETAS DE PARMESANO

Ingredientes para 12 piruletas:

200 g de queso parmesano
12 brochetas de madera

Rallar el queso en un rallador medio y poner un montoncito sobre un trozo de papel para horno; aplastarlo para formar una pequeña superficie, darle forma con la mano o con un aro y colocar una brocheta de madera, como en la foto. Introducirlas en el horno precalentado a 200 °C (405 °F), durante 8 o 10 minutos. Dejar enfriar antes de desprenderlas del papel.

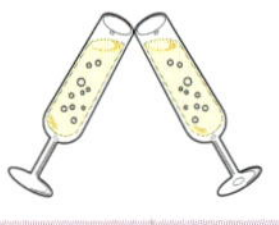

JAMÓN DE FIESTA

Ingredientes para 12 personas:

4 kg de jamón fresco con piel y hueso
3 cucharadas de manteca de puerco
30 clavos de olor
500 g de piña en almíbar
2 cucharadas de miel
2 cucharadas de mostaza
1 cucharada de vinagre
Sal y pimienta negra molida al gusto

Lavar el jamón, secarlo, untarlo con manteca y salpimentarlo. Colocarlo en una fuente de horno, cubriéndolo con papel de aluminio y cocinar en horno, precalentado a 180 °C (350 °F) durante 2 horas. Retirarlo del horno, hacer unos cortes profundos en la piel formando un enrejado, colocar un clavo en el centro de cada rombo y cocinar 1 hora más. Mezclar el almíbar de la piña, la miel, la mostaza, el vinagre y calentar. Barnizar la carne con la mezcla por todos lados y cocinarla en el horno durante una hora más. Pasar las rodajas de piña por una sartén bien caliente para que se doren ligeramente.

DIP DE CEBOLLA

Ingredientes para 6 personas:

1 1/2 cucharadas de preparado para sopa de cebolla
2 yogures naturales
150 g de papas chips

Verter los yogures en un cuenco, incorporar el preparado para sopa de cebolla y mezclar. Dejar reposar y, a los 10 minutos, mover de nuevo. Colocar el cuenco con el preparado en el centro de una fuente redonda, con las papas alrededor.

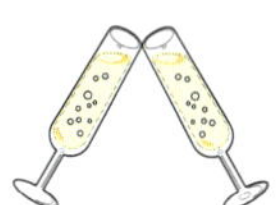

CESTA DE PATILLA

***Ingredientes para
6 personas:***

*1 patilla mediana
400 g de duraznos
300 g de plátano
250 g de kiwi
200 g de uva negra
50 g de azúcar
El jugo de 1 limón
El jugo de 1 naranja
250 ml de cava
Hierbabuena al gusto*

Cortar la patilla dándole forma de cesta. Extraer la pulpa con una cucharilla en forma de bolas; quitar las semillas y colocarla en un cuenco. A continuación, pelar y trocear las frutas, excepto las uvas, y ponerlas con la patilla. Hacer un almíbar en un cacito al fuego con 3 cucharadas de agua y el azúcar y verter sobre las frutas junto con los jugos de naranja y limón y el cava. Mezclar y dejar en maceración 1 hora o hasta el momento de servir. Para que la patilla no se mueva, cortar un disco fino por la parte de abajo. Rellenarla con el preparado y servir.

Ocasiones especiales

CREMA DE ZAPALLO

Ingredientes para 6 personas:

1 kg de zapallo
1 cebolla pequeña molida
2 cucharadas de mantequilla
750 ml de caldo de carne o pollo
125 ml de vino blanco
Nuez moscada al gusto
250 ml de leche
1 huevo duro
Perejil molido al gusto
*Sal y pimienta blanca molida al
gusto*

Pelar el zapallo, lavarlo y trocearlo. Rehogar la cebolla en una olla a presión con mantequilla. Incorporar el zapallo, el caldo, el vino, nuez moscada, sal y pimienta. Cerrar la olla y, cuando alcance la presión, cocinar 3 minutos. Apartar del fuego. Poner todo en una licuadora con la leche y batir hasta obtener un puré suave. Rectificar la sazón y adornar con el huevo duro molido y el perejil.

FLAUTAS

**Ingredientes para
6 personas:**

500 g de carne de
   puerco
2 cebollas medianas
2 hojas de laurel
3 jitomates
2 cucharadas de
   almendras molidas
1 cucharadita de perejil
   molido
24 tortillas para taco
4 cucharadas de aceite
Sal al gusto

Poner la carne
en una cacerola con
1 cebolla, laurel y sal;
cubrirla con agua y
cocerla a fuego
medio hasta que esté
tierna.

Mientras tanto,
preparar un sofrito:
rehogar la cebolla
restante molida y
añadir los jitomates
pelados y molidos.
Cuando se consuma
el líquido del jitomate,
añadir la carne
troceada, incorporar
las almendras y el
perejil y mezclar
todo bien.

Poner las tortillas
de 2 en 2 y rellenarlas
con el preparado.
Enrollarlas y freírlas.

IDEAS Y CONSEJOS PARA UNA FIESTA INFANTIL

No podemos olvidar que antes de la fiesta debemos acondicionar la casa si se celebra en el interior. Para ello debemos retirar todos los muebles y objetos que tengamos en el salón o la habitación que vayamos a utilizar para que los niños puedan moverse a sus anchas sin miedo a romper nada.

◆ Si los niños no se conocen todos entre sí debemos estar atentos para tratar de integrar a los que sean más tímidos y les cueste más relacionarse.

◆ Algo muy importante a tener en cuenta en una mesa de merienda o comida para niños es que tenga

mucho colorido, tanto por los manteles y servilletas como en los platos y vasos, que por supuesto pueden ser de plástico o papel. Siempre debemos poner papas fritas, frutos secos y alguna golosina que sepamos que es del gusto de la mayoría, además de las preparaciones más contundentes que deseemos preparar.

Para que los niños no se aburran debemos tener preparadas unas cuantas cosas importantes para ellos como:

◆ Una piñata con golosinas y pequeños regalitos para que todos los niños puedan disfrutar.

◆ Preparar algunos juegos en los que todos puedan participar, sin olvidarse de tener algunos premios para los ganadores.

PROPUESTA DE JUEGOS

CARRERAS POR PAREJAS

Agrupar a los niños por parejas y atarlos con una cuerda por el tobillo derecho de uno con el izquierdo de otro. Dar la salida y ganará la pareja que antes llegue a la meta.

LAS SILLAS Y LA MÚSICA

Colocamos en círculo tantas sillas como niños vayan a jugar, menos una. Cuando suene la música tienen que bailar alrededor, ¡sin empujarse! Cuando se pare, todos deben buscar un asiento, y el que se quede sin él, quedará eliminado. Se quita una silla y suena de nuevo la música; se volverá a parar y así hasta que quede sólo una silla y dos jugadores. El que consiga sentarse, es el ganador.

PINTAR A CIEGAS

Consiste en recubrir objetos con un trapo o tela grande. Los niños podrán tocarlos y tendrán que dibujar lo que creen que han palpado. Quien más objetos acierte y mejor los dibuje, será el ganador.

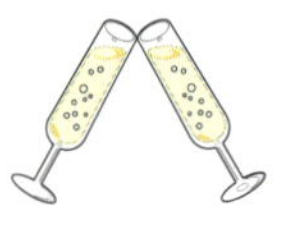

Ocasiones especiales

AL AIRE LIBRE

Cuando llega el buen tiempo, lo más apetecible son las comidas y meriendas al aire libre. Podemos optar por organizar una barbacoa en el jardín o en la terraza, o salir al campo a hacer un picnic, para lo que debemos preparar una buena cesta con vasos, cubiertos, servilletas, mantel, etc., sin olvidar una nevera portátil para mantener las bebidas frías y un termo con café caliente. A continuación, proponemos algunas recetas fáciles de realizar y que siempre tienen gran aceptación.

BOLITAS DE POLLO

Ingredientes para 8 personas:

8 muslos de pollo
1 botellín de cerveza
1 cucharada de orégano molido
1 cucharada de pimentón dulce
Sal y pimienta negra molida

Quitar la piel a los muslos de pollo y tirar de la carne hacia atrás, despegándola del hueso, de modo que quede como una especie de bolita arriba y un mango de hueso. Ponerlos en un cuenco y cubrirlos con la cerveza, el orégano y el pimentón y sazonar con sal y pimienta. Dejar en este adobo como mínimo 2 horas. Escurrir y colocar en la parrilla dándoles vueltas durante la cocción para que se hagan por todos los lados.

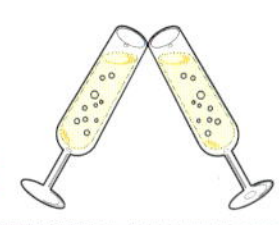

SALCHICHAS EN CAMISA

Ingredientes para 8 personas:

8 salchichas tipo frankfurt
8 lonchas de beicon

Pinchar las salchichas con un tenedor por varios sitios. A continuación, envolver cada salchicha con una loncha de beicon sujetándola con un palillo por cada extremo. Colocar en la rejilla de la barbacoa y asar dándoles varias vueltas para que se doren por todos los lados.

HAMBURGUESAS DE SOLOMILLO

Ingredientes para 8 personas:

2 solomillos de puerco molidos
1 huevo
3 cucharadas de perejil molido
1 cucharada de vino blanco
2 cucharadas de pan molido
Sal y pimienta

Batir el huevo en un cuenco, añadir el perejil y sazonar con sal y pimienta. Incorporar la carne, el vino y el pan y mezclar muy bien. Hacer hamburguesas pequeñas y ponerlas en la parrilla de la barbacoa asándolas por ambos lados. El tiempo dependerá del gusto.

BROCHETAS MARINERAS

Ingredientes para 8 personas:

16 langostinos
500 g de mero
1 pimiento verde
1 pimiento rojo
1 cebolla grande
4 dientes de ajo
1 ramillete de perejil
6 cucharadas de aceite de oliva
1 cucharada de vinagre
Sal y pimienta molida

Lavar y cortar los pimientos y la cebolla en rectángulos. Cortar el mero y pelar los langostinos dejando la cola. Insertarlos en las brochetas, alternándolos con el mero, la cebolla y los pimientos y untándolos con el aliño de los ajos machacados con perejil, aceite y vinagre, todo bien mezclado. Cocinar en la plancha unos minutos por cada lado.

OMELETTES RELLENAS

Ingredientes para 8 personas:

8 huevos • 1 cebolla
400 g de papas • Aceite de oliva
1/2 lechuga • 1 cebolla larga
250 g de palitos de cangrejo
250 g de mayonesa • 1/2 yogur • Sal

Pelar las papas, lavarlas y cortarlas en rodajas finas, igual que la cebolla. Rehogar la cebolla en abundante aceite hasta que esté transparente. Agregar las papas, sazonar y continuar friendo hasta que estén tiernas. Retirar del aceite y dejar escurrir. Lavar la lechuga y la cebolla larga y trocearlas. Picar los palitos y mezclarlos con la mayonesa, el yogur, la lechuga y la cebolla. Dividir las papas con cebolla en 2 partes. Batir los huevos en 2 cuencos, 4 huevos en cada uno, agregar las papas y cuajar 2 omelettes. Poner sobre una omelette la ensalada, cubrirla con la otra omelette y servir.

FRUTAS AL CAVA

Ingredientes para 8 personas:

1 botella de cava seco
1/2 cáscara de limón
250 g de fresas
3 duraznos maduros • 2 peras
100 g de moras • 100 ml brandy
3 cucharadas de azúcar glas

Limpiar las fresas, cortarlas por la mitad y colocarlas en un recipiente con el resto de la fruta pelada y troceada, la cáscara de limón y el azúcar. Mezclar y dejar macerar en el refrigerador durante 30 minutos aproximadamente. Antes de servir, regar las frutas con el brandy y el cava bien frío.

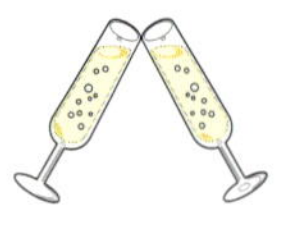

NAVIDAD

La Navidad es un periodo entrañable en el que los encuentros y cenas familiares son muy frecuentes. Al ser unas fechas tan señaladas, hay que cuidar al máximo cada detalle, tanto del ambiente como en la mesa, donde suelen primar los platos muy elaborados. Para la mesa no escatimaremos adornos siempre que sean bien elegidos, como velas, frutas y toda decoración que podamos preparar; sólo son necesarios dos factores: tiempo y buen gusto.

◆ Proponemos algunas ideas de platos para estas comidas navideñas.

COL MORADA DE NAVIDAD

Ingredientes para 6 personas:

1 1/2 kg de col morada
3 manzanas reineta • 1 cebolla
3 cucharadas de aceite de oliva
1 cucharada de manteca de puerco
100 g de tocino entreverado
5 cucharadas de vinagre de vino
1 cucharada de azúcar • 500 ml de caldo
2 cucharadas de piñones
Sal y pimienta molida al gusto

Cortar la col morada en trozos pequeños, lavarla muy bien y escurrirla. Pelar la cebolla y cortarla en tiras finas, pelar y cortar en taquitos las manzanas.

Calentar el aceite y la manteca y rehogar la cebolla; incorporar el tocino molido y agregar la col, las manzanas, sal, pimienta, el azúcar, el caldo y el vinagre. Cocinar a fuego lento durante 1 hora, revolviendo de vez en cuando y servir espolvoreada con los piñones tostados.

COCHINITA ASADA

Ingredientes para 6 personas:

2 1/2 kg de cochinita
100 g de manteca de puerco
2 dientes de ajo
1 cucharada de orégano
2 hojas de laurel
250 ml de agua
Sal al gusto

Chamuscar la cochinita en la llama para quemar los pelillos, lavarla y secarla con papel absorbente. Pelar y moler los dientes de ajo y mezclarlos con la manteca, sal y el orégano. Untar la cochinita por todos los lados con la mezcla preparada y colocarla en una fuente de horno, con la piel hacia arriba, en la que previamente se habrá puesto el agua y el laurel.

Introducir la fuente en el horno, precalentado a 180 °C (350 °F), y asarla durante 1 hora, regando a menudo con la grasa que vaya soltando. Darle la vuelta y mantenerla otros 40 minutos o hasta que esté tierna. Servirla con ensalada. (Ver foto en página anterior).

HUACHINANGO A LA ESPALDA

Ingredientes para 6 personas:

2 1/2 kg de huachinango
4 dientes de ajo • Chile al gusto
4 cucharadas de vinagre de jerez
10 cucharadas de aceite de oliva
Sal al gusto

Escamar el huachinango, quitar las vísceras y lavarlo muy bien. Secarlo con papel absorbente, abrirlo por la mitad con ayuda de un cuchillo bien afilado y quitar la espina central con cuidado (esta operación puede pedir que la haga el pescadero).

Untar el pescado con aceite y colocarlo en una fuente de horno. Introducir en el horno, precalentado a 180 °C (350 °F), durante 20 minutos, dependiendo del grosor.

Mientras se hace el huachinango, pelar los ajos, filetearlos y ponerlos con el aceite en una sartén al fuego. Añadir el chile y, cuando estén dorados, apartar del fuego, agregar el vinagre, revolver y reservar. Cuando el pescado esté en su punto, regar con el sofrito y servir inmediatamente. (Ver foto en página anterior).

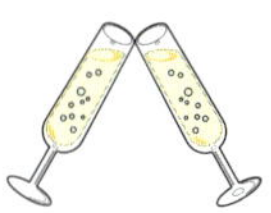

IDEAS

◆ Siempre es agradable hacer algún extraordinario en Navidad para la mesa y la casa. Aunque no sea muy habilidoso, seguro que puede adornar su mesa para las comidas señaladas como Noche Buena, Navidad, Noche Vieja, etc.

◆ Puede repartir por los muebles de la sala algunas fuentes y cuencos con golosinas y dulces de Navidad como turrones, frutos secos, etc., e intercalar algunas bolas de adorno entre los dulces.

◆ Un buen adorno para su mesa pueden ser unos bonitos candelabros hechos con manzanas. Para ello necesitará unas bonitas manzanas, velas y blondas pequeñas. Hacer un hueco en las manzanas con un cuchillo afilado donde quepa una vela, cortar la blonda en el centro, meter la vela e introducirla a continuación en la manzana. Adornar con hojas pequeñas alrededor de la vela y colocarlas en la mesa (conviene elegir unas manzanas que se mantengan fácilmente de pie).

◆ También puede doblar las servilletas haciendo rollitos y atarlas con unas bonitas cintas de algún color que combine con la mantelería. O bien utilizar cintas doradas o plateadas, espumillón, etc.

OTRAS FIESTAS

Para todos existen algunas fechas o fiestas que requieren una atención especial y nos animan a poner mayor mimo a la hora de preparar las distintas comidas para celebrarlas.

◆ Si tenemos pareja y queremos celebrar el día de San Valentín en casa, debemos crear un ambiente íntimo mediante una iluminación tenue a base de velas o luces indirectas, y una música suave y bien elegida. Para la mesa, hay que vigilar la preparación cuidando los detalles de la colocación de los distintos elementos, como mantel, vajilla, centro de mesa, velas, etc.

◆ Si lo que deseamos es celebrar una fiesta de cumpleaños, la elección de la comida dependerá del número de invitados que vayamos a tener. Se puede hacer un menú para comer en la mesa o preparar tapas y aperitivos de modo más informal.

◆ A continuación proponemos algunas recetas para estas y otras celebraciones.

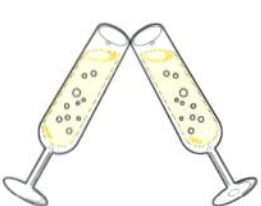

CREMA DE PALTA AL HINOJO

Ingredientes para 4 personas:

2 paltas
El jugo de 2 limones
750 ml de caldo de ave
1 yogur
1 cebolla larga
1 tallo de hinojo
Ramitas de hinojo fresco al gusto
Sal y pimienta blanca molida

Cortar las paltas por la mitad en sentido longitudinal. Extraer el hueso y la pulpa y poner ésta en el vaso de la licuadora. Rociar rápidamente el jugo de limón para que no ennegrezca. Añadir a la licuadora el caldo, el yogur, la cebolla, el tallo de hinojo, sal y pimienta. Batir hasta conseguir una crema homogénea. A continuación, colar la crema y dejar enfriar en el refrigerador. Servir en tazas con las ramitas de hinojo y unos filetitos de palta. (Ver foto en página anterior).

LANGOSTA CON SALSA DE MOSTAZA

Ingredientes para 4 personas:

4 langostas pequeñas
1 cucharada de mantequilla
2 cucharadas de aceite de oliva
2 chalotas molidas
3 cucharadas de brandy
1 cucharada de mostaza de Dijón
200 ml de crema de leche
1 pizca de pimienta de cayena
Pimienta verde al gusto
Pimienta rosa al gusto
1 yema de huevo crudo
Sal al gusto

Cocer las langostas en una olla con agua hirviendo con sal y laurel durante 15 min y dejarlas enfriar. Reservar 1/2 taza del caldo de cocción. Extraer el interior de las cabezas y reservar las colas de las langostas. Calentar la mantequilla y el aceite en una sartén y rehogar las chalotas hasta que estén transparentes; incorporar el contenido de las cabezas de las langostas y flamear con el brandy. Agregar el resto de los ingredientes excepto la yema y cocer hasta que reduzcan a la mitad. Apartar del fuego y agregar la yema, moviendo vigorosamente para que no se cuaje. Sacar la carne de las langostas de los caparazones y extraer la carne de las pinzas. Colocarlas en los platos y cubrir con la salsa preparada. (Ver foto en página anterior).

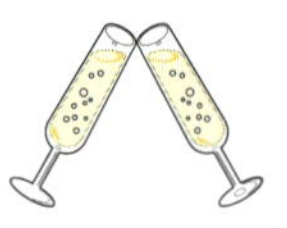

Ocasiones especiales

MELÓN MARINERO

Ingredientes para 4 personas:

2 melones redondos
500 g de langostinos
1 lechuga romana
2 cebollas largas
2 huevos

Cortar los melones por la mitad y extraer parte de la pulpa. Cocer los langostinos en agua con sal durante dos minutos, colar, dejar enfriar y pelarlos. Cocer los huevos durante 10-12 minutos, pelarlos y trocearlos. Pelar las cebollas y molerlas muy menudas. Colocar los melones en cuatro platos y rellenar con la lechuga picada, la cebolla, los huevos y los langostinos. Se puede aliñar con unas cucharadas de mayonesa o vinagreta.

TORTA DE CUMPLEAÑOS

Ingredientes para 8 personas:

200 g de azúcar
1/2 kg de mantequilla
8 huevos
200 g de harina
4 cucharadas de maicena
2 cucharadas de levadura en polvo
4 cucharadas de chocolate en polvo
400 g de chocolate para fundir
1/2 kg de crema de leche batida
Fideos de chocolate

Mezclar el azúcar con 400 gramos de mantequilla, batiendo con la licuadora o el robot, hasta que blanquee la preparación y quede espumosa. Agregar los huevos, de uno en uno, y batir hasta que se incorporen. Añadir la harina, mezclada con la maicena, la levadura y el chocolate en polvo. Batir hasta que quede homogéneo. Engrasar con mantequilla un molde y verter el preparado. Cocer en el horno, precalentado a 180 °C (350 °F), durante 30-40 minutos o hasta que quede cocido (pinchar en el centro con una brocheta y si sale limpia, está cocido).

Extraer, desmoldar y dejar enfriar. Cortar el bizcocho por la mitad y rellenar el interior con crema batida. Fundir el chocolate en un cazo al baño María, con la mantequilla restante y 1 cucharada de agua y revolver hasta que quede cremoso. Cubrir el bizcocho con el chocolate y adornar con crema de leche batida y fideos de chocolate.

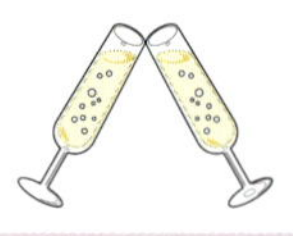

CONSEJOS E IDEAS PARA LA MESA

Existen unas reglas básicas a la hora de disponer la mesa, aunque dependerá del tipo de acto que se celebre (la comida diaria, una celebración familiar, una cena informal con los amigos, una fiesta infantil, etc.). Tanto los manteles como la vajilla, la cubertería, la cristalería y los adornos variarán según la ocasión. También debemos pensar en un menú acorde con el momento y los invitados.

MESA FORMAL

Comenzamos con la disposición de una mesa para una ocasión formal.

Los manteles que utilizaremos serán de hilo o lino, blancos o claros, lisos o bordados sin mucho relieve y siempre a juego con las servilletas. Debajo del mantel se suele poner un muletón o tela gruesa para que la mesa no se dañe y quede más mullido. La vajilla, a ser posible, será de porcelana y la cubertería preferiblemente de plata o, en su defecto, que sea lo más completa posible para poder cambiar de cubiertos durante los diferentes platos de la comida.

◆ Para dar un toque de color en la mesa, se puede colocar un centro de flores, bonito y discreto a la vez, velas u otro adorno a nuestro gusto.

MESA DE DIARIO

En la mesa de diario simplificamos tanto los materiales utilizados como las formas. El mantel será de algodón, claro o de colores vivos. La vajilla será de materiales menos nobles que la porcelana: vajillas tipo arcopal, loza, etc. Se colocarán vasos en vez de copas y el pan se pondrá cortado en una panera y no en platitos individuales, salvo que nos guste cuidar todos los detalles. En resumen: poner una mesa correcta pero con menor trabajo.

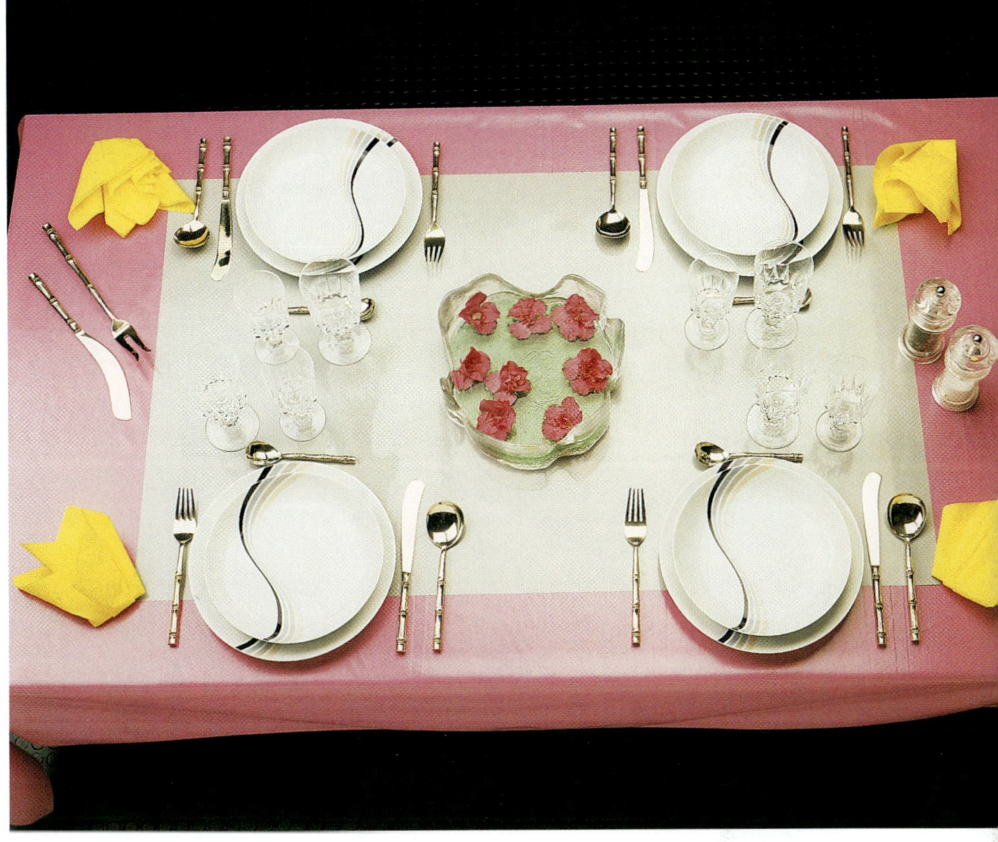

MESA INFORMAL CON AMIGOS

Podemos utilizar nuestra imaginación, usando los materiales más diversos y aprovechando las últimas tendencias: estilo oriental, platos y fuentes cuadradas o rectangulares, vajillas de colores, manteles individuales de materiales tan diversos como el algodón rústico, fibras vegetales, etc. También se pueden adornar con centros de flores y piedras, frutas, velas...

MESA DE JARDÍN

Si disfrutamos de la comida o la cena en el jardín o la terraza y según el material de la propia mesa, podremos suprimir el mantel o utilizar uno de algodón y estampado. Las vajillas pueden ser informales, de colores vivos, incluso de plástico, servilletas de papel, etc. La fruta se servirá en el

frutero o en macedonia. Si son muchos comensales, se pueden colocar todos los platos a modo de bufé para que cada cual se sirva lo que desee.

◆ Si tenemos la suerte de disponer de un jardín bonito, podemos organizar un ambiente agradable con o sin mantel. Si tenemos flores, éstas dan un toque alegre para una velada nocturna con una comida fresca y colorista.

DECORACIÓN E IDEAS PARA LA MESA

Existen muchas maneras de decorar una mesa, pero siempre hay que tener en cuenta una serie de indicaciones.

◆ Si se colocan flores o velas, éstas nunca deben impedir la comunicación entre los comensales ni tampoco reducir el campo de visión o provocar agobios a la hora de sacar las fuentes con la comida.

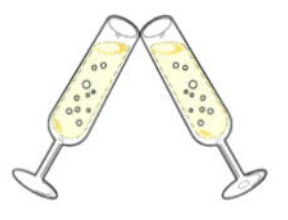

Ocasiones especiales

◆ Las velas deben estar colocadas en el centro de la mesa y nunca deben ser demasiadas para evitar que den calor. Se pueden elegir a juego con la mantelería o la vajilla que se vaya a utilizar. También se puede hacer un centro combinando flores y velas.

◆ No hay que olvidar que la iluminación es un elemento importante a la hora de crear un buen ambiente propicio para una agradable reunión, por lo que se pueden crear distintos ambientes jugando con las luces y diferente intensidad de iluminación de un lugar a otro, dentro de la misma habitación; así, la mesa debe estar mejor iluminada que la zona de estar, que requiere una luz más tenue.

◆ El aroma es también fundamental a la hora de generar una primera buena impresión, para ello podemos utilizar bien velas perfumadas o algún ambientador de hogar que no sea demasiado fuerte.

◆ Para poner colorido a nuestra mesa, podemos combinar platos y manteles de diferentes colores, e incluso diferentes tipos de vajilla, siempre que correspondan de alguna manera con el criterio estético que queramos presentar. También podemos jugar con el color de las servilletas: si los platos son blancos, se pueden utilizar unas servilletas de colores llamativos, a juego, por ejemplo, con las flores del centro.

◆ En verano es aconsejable vestir las mesas con colores fríos, sobre todo al medio día, ya que de esta manera tendremos la sensación de frescor.

◆ Es importante no olvidar preparar unos aperitivos, como por ejemplo aceitunas, papas chips, frutos secos, taquitos de jamón o de queso, etc., para mantener entretenidos a los comensales hasta que lleguen todos los invitados.

Trucos e ideas

En la cocina

◆

Manchas de
comida y bebida

◆

Regalos con
productos alimenticios

Introducción

En este capítulo encontrarán una serie de consejos útiles y trucos para obtener los mejores resultados en la cocina al usar determinados alimentos e ingredientes; por ejemplo, cuál es la mejor manera de aliñar una ensalada, cómo devolver el aroma al café o conservar durante días la pasta «al dente» una vez cocida, o qué hacer para desalar un guiso.

Asimismo, en otro apartado, proponemos algunas soluciones para quitar las manchas más usuales que se pueden producir en la cocina o durante las comidas (café, curry, grasa...) o incluso en otras situaciones (caramelo, chicle, tabaco).

Y, por último, sugerimos numerosos regalos preparados con alimentos, los cuales, de una forma fácil y económica, harán las delicias de sus familiares y amigos.

TRUCOS

Con la práctica y la experiencia se van adquiriendo unos conocimientos que se convierten en verdaderos «trucos» que pueden ser muy útiles para facilitar el trabajo cotidiano en la cocina. A continuación ofrecemos, a modo de glosario, algunos de los trucos más fáciles y útiles que ayudarán a conseguir mejores resultados en la cocina.

A

Aceite: No conviene mezclar diferentes clases de aceites ya que no todos hierven a la misma temperatura y sería una forma de estropearlos.

Cuando se frían alimentos, procurar que haya bastante aceite en la sartén para que queden completamente cubiertos; to-

marán un color y una textura más uniforme.

Al freír algún alimento menudo, debe hacerse por tandas reducidas sin llenar demasiado la sartén. Es conveniente también esperar un poco entre tanda y tanda para que el aceite vuelva a alcanzar la temperatura adecuada.

Al calentar el aceite para freír, no dejarlo humear ya que se puede quemar y pierde su sabor y cualidades.

El aceite utilizado, al contrario de lo que vulgarmente se cree, no conviene utilizarlo para más de 4 o 5 frituras, pues el aceite se quema y se deteriora.

Conviene colar el aceite siempre después de una fritura, sobre todo si quedan partículas y restos, ya que pueden alterar el sabor de los alimentos en las siguientes frituras. Es mejor hacerlo cuando el aceite aún esté caliente por su mayor fluidez.

TRUCOS

Aceitunas: Si se desea que las aceitunas queden más suaves, escaldarlas unos minutos en agua hirviendo; y antes de añadirlas a un guiso, hay que escurrirlas para evitar que enmascaren el sabor de los restantes alimentos.

Ajos: Si se desea conservar bien los ajos, se pueden pelar y meter en un frasco cubiertos con aceite e ir sacándolos a medida

que se necesiten. El aceite se podrá utilizar para ensaladas, pues mantendrá el aroma a ajos. *Ajos que sientan bien:* Para que la digestión de los ajos no resulte pesada, se abren por la mitad en sentido longitudinal y se desecha el tallo germinativo antes de utilizarlos.

Albóndigas: Para obtener albóndigas esponjosas, agregar a la carne miga de pan mojada en leche o copos de puré de papas desleídos en un poco de leche. De este modo quedarán unas albóndigas suaves y tiernas.

Aliño de ensaladas: Seguir este orden al aliñar una ensalada: primero la sal, después el vinagre y, por último, el aceite. Si se riega primero con el aceite, los ingredientes se recubren de una película que impide la absorción de los otros sabores.

Almejas: Para que expulsen la arena, dejarlas en un recipiente con agua y sal marina durante una o dos horas. Colocarlas a continuación en un colador y éste bajo el chorro del agua fría. Quedarán bien limpias.

Almendras: Para pelar fácilmente las almendras, ponerlas en un cazo, cubrirlas con agua y calentar al fuego. Cuando ésta hierva, retirar del fuego, escurrir las almendras y se podrán pelar con facilidad.

cho. Cuando esté cocido, escurrirlo en un colador amplio y refrescarlo con abundante agua fría. Quedará perfecto.

Arroz: Para que quede más suelto, cocerlo en abundante agua hirviendo con un chorrito de aceite y sin revolverlo mu-

B

Bacalao: Una forma de desalar el bacalao es, después de tenerlo 24 horas en agua, cambiar ésta por leche con medio diente de ajo, durante 24 horas más. Quedará con aroma a ajo y más suave.

Bechamel: Para que no salga costra en la bechamel si no se usa al instante, cubrirla con un trozo de film de cocina pegado a la superficie. Este truco sirve también para la crema pastelera

TRUCOS

o cualquier otra salsa cremosa. *Si se quiere dar un toque especial a la bechamel,* añadir un quesito en porción picado y cebolla rallada cuando esté a punto de finalizarla. También se puede cocer la leche con alguna verdura o hierba aromática, antes de utilizarla.

Brasas duraderas: Cuando el carbón de la barbacoa esté en su punto, pero aún con llamas, echar un puñado de sal gorda. Las brasas durarán más.

Brócoli: Los tallos de brócoli se cocinan en el mismo tiempo que las florecitas, si se hacen unas incisiones en forma de «x» en los mismos.

Buñuelos: Cuando se hagan buñuelos u otra fritura compacta, no utilizar el aceite demasiado caliente pues se dorarían mucho por fuera y quedarían crudos por dentro.

Brazo de gitano: Para que el bizcocho quede muy manejable y se pueda enrollar con facilidad, agregar 1 cucharada de miel a la masa mezclando bien; podrá comprobar que no se resquebraja al enrollarlo.

C

Café: Si el café ha perdido parte de su aroma, poner un trozo de ramita de vainilla y un trocito de chocolate en el filtro de la cafetera. Al hacer el café se obtendrá un rico sabor.

Calamares: Para asegurarse de que los calamares guisados queden tiernos, agregar un trocito de corcho cuando se estén cocinando. Comprobará que quedan suaves y esponjosos.

Rellenos: Para no tener que poner palillos cerrando los calamares rellenos, sólo hay que volverlos del revés. Rellenarlos y, al rehogarlos, se cerrarán solos.

A la romana más tiernos y dorados: Cocerlos unos minutos justo antes de freírlos. Para que el color quede dorado, añadir a la pasta de rebozar, además de la levadura, un poco de colorante alimenticio.

Caldo: Si el caldo ha quedado demasiado blanquecino, añadirle un chorrito de caramelo líquido y cocerlo un par de minutos. Tendrá un atractivo color a la vez que acentuará el sabor.

TRUCOS

Caldo turbio: Para que el caldo quede bien desgrasado, batir una clara de huevo y añadirla al caldo, revolver y colar a continuación por un colador de tela; quedará transparente y desgrasado.

Eliminar el exceso de grasa: Dejar enfriar el caldo en el refrigerador, se formará una costra flotante que se podrá quitar fácilmente con una espumadera.

Canelones: Al terminar de hacer el relleno de los canelones, mezclarlo con 2 cucharadas de bechamel. De este modo quedará más suave y cremoso.

Caramelo: Para que quede más líquido y se pueda extender mejor, añadir un chorrito de jugo de limón al hacerlo, además del agua.

Carne: Para que la carne tenga mejor sabor y esté más sabrosa y jugosa, no cortar la grasa de sus bordes antes de freírla, pues eliminaría los aromas y sabores que contiene de forma natural. Si no se quiere comer, separarla simplemente una vez que la carne esté cocinada.

Si un guiso se quema, volcarlo rápidamente en otra cacerola, agregarle agua, hierbas al gusto y pimienta. Hervir unos minutos y comprobar si se ha solucionado.

Para que los filetes queden dorados y jugosos por dentro, no ponerlos en la sartén hasta que ésta no esté bien caliente. Dorar por un lado, dar la vuelta y salar en el último momento, para que no pierdan su jugo. Una vez que se han sacado los filetes de la sartén, incorporar a ésta un chorrito de agua y jugo de limón y dar un hervor. Se obtendrá una sabrosa salsa.

Carne molida: Si ha sobrado carne molida del día anterior, echarle unas gotas de whisky, sazonar al gusto y sabrá como recién molida.

TRUCOS

Castañas: Para pelar las castañas más fácilmente, cocerlas 4
o 5 minutos con agua y un chorrito de aceite; escurrirlas y,
cuando se templen, se pelarán
sin problema.

Cazuela de barro nueva: Antes
de usarla, sumergirla en agua
fría durante toda la noche. A la
mañana siguiente, secarla y frotar el fondo con un diente de ajo
y aceite.

Cebolla: Para que la cebolla
quede de un dorado uniforme,
espolvorearla con un poco de
harina antes de freírla. Quedará
perfecta.

Cohombro: Para evitar que los
cohombros sienten mal y resulten más digestivos, sumergirlos
un par de horas en agua con sal
antes de utilizarlos.

Crema de leche: Para que la
crema de leche batida para la
cobertura de las tortas quede
más dura y resistente, batirla
con un poco de requesón o queso de untar.

TRUCOS

Croquetas: Para que las croquetas queden bien crujientes al freírlas, utilizar pan molido «fresco»; la superficie quedará más gruesa y uniformemente dorada.

Si se quiere ahorrar tiempo a la hora de hacer croquetas, colocar la bechamel caliente en una manga pastelera sin boquilla. Dejar enfriar en el frigorífico y ponerla en tiras sobre una fuente cubierta con pan molido. Pincelar las tiras con huevo batido, cortar con un cuchillo y envolver con el pan molido.

Cuchillos: Para afilar fácilmente los cuchillos, poner boca abajo un plato de loza y pasar el filo del cuchillo repetidamente por el borde del fondo. El filo quedará bien afilado.

E

Enharinar: Si se desea enharinar pescados pequeños u otro alimento con rapidez y facilidad, sólo hay que echar un poco de harina en una bolsa de plástico, meter los pescados, cerrarla con un poco de aire y moverla varias veces. El enharinado quedará perfecto.

F

Fondue sin salpicar: Para que el aceite de la *fondue* no salte al introducir la carne, agregarle un poco de sal.

Fresas: Si se desea que las fresas queden más sabrosas, una vez troceadas en el cuenco, agregar un chorrito de jugo de limón o vinagre al mismo tiempo que el azúcar. Acentuará el sabor y soltarán más jugo.

Frutas: Si se quiere mantener el color de las frutas, inmediatamente después de pelarlas, rociarlas con unas gotitas de jugo de limón.

G

Garbanzos siempre a punto: No es necesario poner en remojo los garbanzos cada vez que se vayan a utilizar. Remojar 1 kg en una buena cantidad de agua caliente; al día siguiente, escurrirlos y repartirlos en bolsas pequeñas. Congelarlos y sacar las bolsas según se vayan necesitando. Al cocerlos, es aconsejable meterlos en redes para legumbres; de este modo se podrán retirar sin ningún otro ingrediente del caldo y se podrán utilizar para freírlos, hacer una ensalada, etc.

Gratinado crujiente: Para que los platos gratinados tengan una capa crujiente, mezclar pan molido con queso gruyère molido, espolvorear sobre la superficie del plato e introducir en el horno unos minutos con el gratinador encendido.

TRUCOS

H

Hamburguesas: Al moldear las hamburguesas, hacer un agujero en el centro; así al cocinarse la carne terminará uniéndose y se hacen en mucho menos tiempo.

Hielo: Para elaborar cubitos de hielo sorpresa, colocar una aceituna, una guinda, una bola de melón, una fresa, etc., en las bandejas de los cubitos de hielo. Agregar agua, congelarla y se obtendrán unos cubitos sorpresa para cocteles y bebidas.

Picar hielo: Si se necesita hielo picado para determinados cócteles y no se dispone de picador, introducir los cubitos en una bolsa de plástico y triturarlos golpeándolos con el rodillo o una maza.

Huevos: Para saber si los huevos son frescos, sumergirlos en un cuenco con agua fría salada; si flotan, no son aptos para el consumo. Si quedan en el fondo, sí son frescos.

Pelar huevos duros: Una vez cocidos, sumergirlos en agua fría durante unos minutos; sacarlos y hacerlos rodar sobre una superficie plana presionándolos con la mano. La cáscara se rompe y se pelan fácilmente.

Yemas centradas: Para conseguir que las yemas queden centradas al cocer los huevos, revolver el agua en la que se hierven. Esto es particularmente útil para los huevos rellenos.

Cortar huevos duros: Para cortarlos en rodajas y que el cuchillo no se quede pegado, untar la hoja con un poco de aceite.

Para que no se peguen las omelettes: Suelen pegarse porque no se limpian bien las sartenes; limpiarlas con papel o servilletas

y sal de mesa después de hacer cada omelette. Otra solución es restregar la sartén con 1 diente de ajo o un trozo de cebolla antes de echarle el aceite.

J

Jamón: Si el jamón se ha quedado seco, sumergirlo en un cuenco con leche durante 1 hora. Escurrirlo y quedará perfecto.

Jitomates: Cuando se compren jitomates maduros y no se vayan a consumir en el momento, se pueden poner en el congelador; cuando se necesiten, sólo hay que pasarlos por el chorro del agua; se pelarán con facilidad y se freirán más rápidamente.

Si ha sobrado salsa de jitomate, se puede conservar en el frigorífico durante varios días cubriendo su superficie con una capita de aceite de oliva crudo.

L

Lechazo: Hay muchas formas de asar el lechazo con buenos resultados, y una de ellas es añadir un vasito de vinagre y otro de agua a mitad de la cocción; adquirirá un bonito dorado y suavizará el sabor.

M

Mango: Para preparar el mago no hace falta pelarlo; cortar dos rodajas gruesas a ambos lados del hueso. Hacer cortes en la pulpa, formando una cuadrícula. Sujetar por la piel y abrirla para que los daditos sobresalgan y se puedan agarrar fácilmente.

Mantequilla para canapés: Mezclar la mantequilla ablandada con almendras o avellanas molidas y untar en el pan de los canapés o emparedados; ganará en sabor.

TRUCOS

Mayonesa: Si se corta la mayonesa, poner en un nuevo recipiente 2 cucharadas de agua fría o tibia e ir vertiendo en él lentamente la mayonesa cortada, batiendo de nuevo. También se puede añadir otro huevo y batir otra vez.

Si al hacer la mayonesa queda demasiado espesa, agregarle un chorrito de leche, batir de nuevo y quedará perfecta.

Melón: A la hora de comprar melón, elegir de entre 2 melones del mismo tamaño el que pese más. El aroma que desprenda es importante también tenerlo en cuenta.

Aprovechar el melón verde: Si al comprar un melón se comprueba que no está lo maduro que se creía, sólo hay que cortarlo en trozos y hervirlo 10 minutos en agua, un poco de azúcar y un chorro de jugo de limón. Colocarlo escurrido en cuencos con un poco de azúcar y canela molida. Quedará un postre delicioso.

Merengue: Para obtener un merengue más brillante, batir las claras a punto de nieve con azúcar glas, una pizca de sal y unas gotas de jugo de limón. Quedará un merengue brillante y con un sabor estupendo.

Moronga: Para que la moronga no se desmorone al freírla, enharinar los trozos por el corte antes de ponerla en la sartén.

TRUCOS

N

Nueces: Si se necesita pelar nueces y que queden enteras para alguna preparación, sumergirlas en agua salada durante un par de horas antes de cascarlas. Saldrán sin desmigar.

O

Ostiones: Para que no sea tan dificultoso abrir los ostiones, lavarlos con agua fría, ponerlos en una bolsa de plástico y dejarlos en el congelador durante 1 hora; se abrirán sin dificultad.

P

Palta: Si sólo se quiere consumir la mitad de una palta, guardar en el frigorífico la parte sobrante con unas gotas de limón por encima, sin quitar el hueso y envuelta en film de cocina. Su carne no se oscurecerá.

Si se desea que la palta madure, envolver en papel de periódico individualmente y dejarla fuera del frigorífico.

Papas: Para que las papas fritas queden más crujientes, una vez peladas, lavadas y cortadas, espolvorearlas con un poco de harina y freírlas en una sartén destapada con abundante aceite caliente .

Papas bien conservadas: Si no se quiere que las papas se estropeen rápidamente, guárdelas en un lugar oscuro; de este modo no germinarán y durarán más.

TRUCOS

Si al pelar las papas se advierte que son demasiadas, no tirarlas; dejarlas en un recipiente cubiertas con agua y un poquito de sal. Así se evitará que se pongan negras.

Pasta: Para conservar la pasta una vez cocida «al dente», refrescar con agua fría y escurrir. Colocar en un recipiente y añadir un poco de aceite de oliva, revolver bien para que la pasta se impregne y guardar en el frigorífico tapada. Se conservará durante 3-4 días.

Patilla: Cuando la patilla salga insípida, cortarla en trocitos pequeños, quitar las pipas y poner en un recipiente hondo con azúcar.

Perejil: Cuando se compre perejil, adquirir una buena cantidad, lavarlo, escurrirlo bien, trocearlo y guardarlo en una fiambrera en el congelador. De este modo se puede disponer de él cada vez que se necesite.
Cómo moler el perejil: La manera más cómoda de trocear el perejil es lavarlo en agua fría, sacudirlo y secarlo muy bien con un paño. Si no se tiene un utensilio especial para molerlo, colocar las hojitas en una tacita o vaso pequeño y cortarlo con las tijeras.

TRUCOS

Plátanos: Cuando los plátanos estén muy maduros, envolverlos y congelarlos. Cuando se vayan a consumir, descongelarlos, pelarlos y batirlos con un chorrito de jugo de limón y azúcar al gusto. Se obtendrá un rico helado.

Plumcake con pasas: Para que las pasas no se vayan al fondo del bizcocho, pasarlas ligeramente por harina antes de añadirlas a la masa.

Pollo: Para quitar la piel del pollo con facilidad, sólo hay que impregnarse las manos con un poco de sal. Al tirar de la piel, ésta no se escurrirá.

Q

Queso en su punto: Retirarlo del frigorífico media hora antes de llevarlo a la mesa, ya que el frío altera el sabor.

S

Sal: Si un guiso ha quedado demasiado salado, añadir unos trozos de papa pelada y cocer unos minutos para que absorba el exceso de sal. También se puede añadir un poco de pan molido o crema de leche.

Salchichas: Para que las salchichas resulten menos grasientas, pincharlas por varios lados antes de cocinarlas; perderán parte de la grasa al freírlas o cocerlas y además se evitará que la piel se abra durante el cocinado.

TRUCOS

Sandwiches: Si se necesita preparar sandwiches con antelación a una comida, celebración, etc., y se desea que queden jugosos, cubrirlos con hojas de lechuga y a continuación con papel de aluminio o film transparente. Quedarán como recién hechos.

V

Verduras: Para que las verduras cocidas conserven su color, basta con agregar un poco de bicarbonato al agua de cocción.

Se pueden cocer varias verduras al mismo tiempo haciendo unos paquetes separados con papel de aluminio y metiéndolos en un solo recipiente; de esta manera se ahorrará tiempo, dinero y limpieza. También se pueden utilizar bolsas de asar y cocer.

Vino: Si se necesita vino para algún guiso o estofado y se ha acabado, puede sustituirse por un poco de vinagre mezclado con el mismo volumen de agua y un poquito de azúcar.

MANCHAS DE COMIDA Y BEBIDA

En múltiples ocasiones nos encontramos con manchas de comida y bebida, muchas de ellas difíciles de quitar. Como norma general, recuerde que:

- ◆ Lo primero a tener en cuenta es que cuanto antes tratemos las manchas, más probabilidades tendremos de que desaparezcan.

- ◆ Existen una serie de remedios que se recomiendan para todo tipo de manchas, como es el uso de la sal directamente sobre la mancha y dejar al sol o cepillarla con vinagre y agua, y a continuación lavarla.

- ◆ Las prendas manchadas no se deben lavar con agua caliente antes de ser tratadas, pues el calor fija las manchas.

- ◆ A continuación, recomendamos una serie de trucos para que nuestra ropa esté siempre preparada e impecable.

B

Betabel: Limpiar con una esponja humedecida en agua fría y dejar la prenda en remojo durante toda la noche. También se puede hacer una mezcla con jugo de limón y agua, y frotar durante unos minutos.

C

Café: Remojar la prenda en agua tibia con detergente y agregar alcohol me-

tílico, vinagre de sidra o glicerina pura. Si las manchas fueran antiguas, utilizar agua oxigenada diluida. Para las manchas de café con leche, lavar en agua tibia con un detergente biológico.

Caramelo: Aclarar con agua fría y detergente líquido y aplicar agua oxigenada diluida.

Cerveza: Dejar la prenda en remojo unos minutos en vinagre blanco o agua oxigenada. Aclarar y lavar con agua caliente.

Chicle: Dejar la prenda en el congelador o frotarla con cubitos de hielo hasta que se endurezca el chicle y se desprenda fácilmente. Si queda algún resto, frotarlo con aceite de trementina.

Chocolate: Quitar los restos y cepillar con glicerina. Poner papel absorbente debajo de la mancha y frotarla con alcohol de 90 grados mezclado con un poco de agua. También se puede mojar la prenda con vinagre blanco para que la mancha desaparezca.

Curry: Dejar la prenda en remojo en amoníaco diluido en agua. Si no es

lavable, pasar una esponja mojada en una solución de agua caliente y bórax.

E

Espinacas: Frotar bien la mancha de esta verdura con una papa partida por la mitad. A continuación lavar de la manera habitual.

F

Frutas: Eliminar estas manchas frotando inmediatamente la zona afectada con agua fría con unas gotas de agua oxigenada. Se recomienda también frotarla con alcohol, o dejarla en remojo en una disolución de perborato de sosa.

G

Grasa: Poner sobre la mancha sal o polvos de talco, apelmazándolo suavemente hasta que se absorba la mancha. Cepillar y luego pasar un paño húmedo. También se puede tratar con benzol. Si la mancha está en un tejido de punto grueso, usar agua con gas. Otro sistema es pasar por encima de la mancha medio limón, pues su ácido impedirá que el tejido absorba la grasa.

H

Helado: Quitar los restos con una cuchara o cuchillo y remojar la mancha en una solución de agua y amoníaco.

Si quedan restos de colorante, probar con agua mezclada con agua oxigenada, frotando bien.

Huevo: Remojar las manchas difíciles en agua oxigenada con unas gotas de amoníaco durante unos minutos y aclarar. Si las manchas fueran antiguas, aplicar vinagre caliente con sal.

J

Jitomate: Frotar con una mezcla de amoníaco y detergente para vajillas. Si todavía quedaran restos, cubrir la mancha con una pasta de bicarbonato y agua. Dejar actuar y lavar con normalidad.

L

Leche: Lavar la prenda con un poco de amoníaco en el agua y aclarar. Si la mancha es antigua, poner primero un poco de vaselina sobre ella antes de aplicar el procedimiento anterior.

Licores: Aplicar inmediatamente agua y glicerina y aclarar con vinagre blanco y agua.

M

Mantequilla: Lavar la prenda en agua caliente o utilizar un spray quitamanchas y secarla con un secador.

Mermelada: Lavar con agua fría y detergente y, si la mancha permanece, aplicar agua oxigenada.

Miel: Pasar por la mancha un trapo con agua jabonosa. Si no se quita, aplicar un poco de bórax.

Mostaza: Mojar la mancha en agua fría y dejarla en remojo en agua con detergente líquido. Si no se quita, aplicar agua con amoníaco.

R

Refrescos: Remojar la ropa en agua jabonosa. Si la mancha persiste, humedecer y aplicar unas gotas de jugo de limón. También se puede sumergir la prenda en agua tibia con un chorro de vinagre o agua oxigenada.

S

Salsas: Cubrir inmediatamente la mancha con sal. Si no fuera posible, frotarla con amoníaco diluido en agua fría, por el derecho y por el revés de la prenda. Cuando se seque, lavar normalmente. Si la mancha persiste, frotar directamente con benzol y, una vez seca, lavar.

T

Tabaco: Lavar con agua fría, detergente y alcohol metílico. A continuación, tratar la mancha residual con agua oxigenada diluida.

Té: Aplicar las mismas instrucciones que para el café.

V

Vino: Absorber con abundante sal todo el líquido posible. Después, remojar la prenda en agua fría o en una solución de bórax durante media hora. También se puede agregar un chorreón de vinagre al agua, antes de lavar. Si la mancha está seca, sumergir la prenda en leche hasta que la mancha desaparezca y, a continuación, lavarla de la forma acostumbrada.

REGALOS CON PRODUCTOS ALIMENTICIOS

Qué agradable es regalar en las ocasiones especiales, o simplemente si se quiere tener un detalle con alguna persona.

◆ Cuando adquirimos un regalo, tenemos en cuenta varios factores: que la persona no se lo imagine, que le guste y que le guste a quien lo hace. Generalmente vamos a alguna tienda y escogemos esto o aquello, que esté dentro de nuestro presupuesto.

◆ Pero hay otra forma de regalar, ligeramente más trabajosa, pero mucho más original, como por ejemplo la que proponemos aquí: confeccionar uno mismo el regalo. En este caso hemos pensado en «regalos con comida». A continuación, proponemos algunas ideas fáciles y económicas, tanto para la realización de las recetas, como los materiales empleados para su posterior presentación.

TIRAS DE NARANJA

INGREDIENTES

Para 12 personas:

4 naranjas
500 g de azúcar
375 ml de agua
100 g de chocolate negro

Lavar las naranjas, cortarlas en gajos y separar la cáscara procurando dejar la menor piel blanca posible. Cortar en tiras y colocarlas en un cazo cubiertas con agua. Cocer 10 minutos, colar y repetir la operación 2 veces. Hacer un almíbar con 400 g de azúcar y el agua, cociéndolo 20 minutos. Incorporar las tiras de cáscara de naranja y cocer durante 15 minutos o hasta que se queden prácticamente secas. Colocar el azúcar restante en una bandeja o papel de horno y envolver las tiras de naranja con ella, dejándolas secar a continuación. Derretir el chocolate en un cacito al baño María o en el microondas y bañar la mitad de cada tirita de naranja. Dejar en el frigorífico hasta que se sequen.

PRESENTACIÓN: Elegir una caja bonita, forrarla con una blonda y llenarla con los dulces. Rodear la caja con alguna cinta vistosa con un lazo.

— HIGOS AL BRANDY —

— INGREDIENTES —

Para 12 personas:

600 g de higos secos
250 ml de brandy • 375 ml de agua
1 limón • 3 cucharadas de azúcar

Colocar los higos en un colador y lavarlos ligeramente. Escurrirlos y colocarlos en una cacerola con el agua y el brandy. Cuando comience a hervir, bajar el fuego y dejar cocer 30 minutos. Incorporar el azúcar, la piel y el jugo del limón; revolver y cocer durante 5 minutos más. Apartar del fuego y dejar enfriar. Repartir los higos con su jugo en tarros previamente esterilizados y taparlos bien. Se conservan 12 meses en un lugar fresco.

PRESENTACIÓN: Hacer etiquetas de papel y pegarlas en los frascos. Atar con cintas a su gusto alrededor de la tapa o parte superior.

— PURÉ DE MANZANA —

— INGREDIENTES —

Para 12 personas:

6 manzanas golden
2 cucharadas de mantequilla
2 cucharadas de azúcar
1 ramita de hierbabuena
2 clavos de olor

Pelar las manzanas, descorazonarlas, trocearlas menudas y ponerlas en una cacerola de fondo grueso. Incorporar los ingredientes restantes y agregar 2 cucharadas de agua. Cocer a fuego muy suave, revolviendo de vez en cuando con una cuchara de madera hasta que las manzanas estén muy blanditas. Apartar del fuego, desechar los clavos y la hierbabuena y aplastar las manzanas con un tenedor. Este puré es muy apropiado para acompañar carnes.

PRESENTACIÓN: Para su presentación hemos comprado unas hueveras para microondas con unas cucharillas. Puede utilizar también tarritos de mermelada. Para que quede mejor, puede combinarlas con más salsas hechas en casa.

ALMENDRAS GARRAPIÑADAS

INGREDIENTES

Para 8 personas:

250 g de almendras (con piel)
250 g de azúcar
250 ml de agua

Lavar las almendras y colocarlas en un cuenco con el azúcar y el agua, calculando la misma cantidad que el volumen de las almendras. Revolver para mezclar y dejar reposar durante 24 horas. En el momento de hacerlas, colocarlas en una cacerola de fondo grueso al fuego (lo ideal sería hacerlas en un caldero de cobre). Revolverlas de vez en cuando con una cuchara de madera. Cuando se consuma un poco el agua y la espuma adquiera un color blanquecino, revolverlas sin parar raspando los lados del caldero con la cuchara hasta que se sequen. Cuando estén prácticamente secas, conviene apartarlas del fuego y terminar el proceso hasta que se suelten. Volcarlas en un mármol o similar, separarlas y dejarlas enfriar. Se conservan bastante tiempo en tarros o recipientes herméticos.

PRESENTACIÓN: Cortar rectángulos de papel rizado de un color a su gusto y pegar en una de las esquinas media blonda de repostería. Formar unos cucuruchos o conos y llenarlos con las almendras. Atarlos con una cinta de un color que contraste bien.

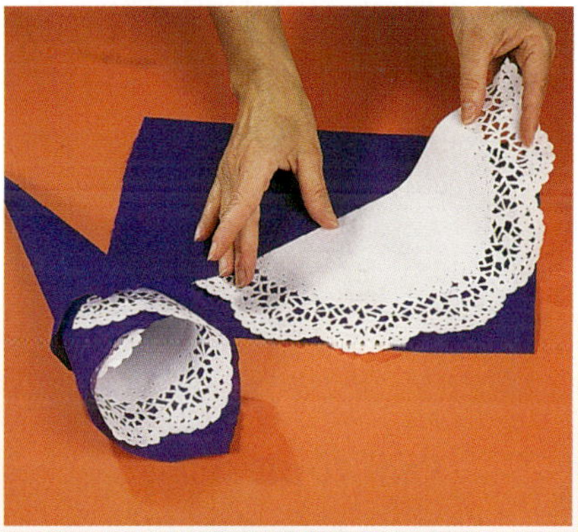

— CREMA DE LIMÓN —

— INGREDIENTES —

Para 12 personas:

5 limones • 250 g de azúcar
3 huevos • 3 yemas de huevo
200 g de mantequilla

Lavar los limones y secarlos. Rallar la piel de 3 de ellos sin apurar mucho y exprimir los 5. Poner en una cazuela el jugo y la ralladura de los limones, las yemas y los huevos enteros, el azúcar y la mantequilla. Poner la cazuela al baño María y cocinar revolviendo sin parar con una cuchara de madera hasta que la mezcla espese. Hay que tener mucho cuidado de que no hierva, pues se cor-

taría. Apartar del fuego y meter el fondo de la cazuela inmediatamente en agua fría para enfriarla rápidamente. Repartir en los recipientes elegidos y dejar enfriar. Conservar en el frigorífico.

PRESENTACIÓN: Hemos utilizado para su presentación exprimidores de plástico transparente y los hemos adornado con florecitas. Puede presentarla rodeada de galletitas o pastas.

— BOMBONES BLANCOS —

— INGREDIENTES —

Para 10 personas:

250 g de chocolate blanco
5 cucharadas de crema de leche
líquida
2 cucharadas de mantequilla
1/2 cucharada de ralladura de limón
8 bizcochos de soletilla

Rallar 50 g de chocolate y reservar. Trocear el chocolate y ponerlo en un cazo de fondo grueso con la crema de leche y la mantequilla. Calentar en el fuego, revolviendo con una cuchara de madera hasta que el chocolate se derrita. Apartar del fuego y agregar los bizcochos desmenuzados y la ralladura de limón. Mezclar has-

ta conseguir una pasta compacta y verter en un plato hondo. Dejar entibiar y formar bolitas con las manos; pasarlas por el chocolate rallado hasta cubrirlas y dejarlas en el frigorífico hasta que estén sólidas.

PRESENTACIÓN: Se han presentado en cápsulas de papel, dentro de una flanera metálica atada con papeles de colores.

PATÉ DE IBÉRICO

INGREDIENTES

Para 18 personas:

500 g de hígado de puerco
500 g de tocineta fresca de puerco
100 g de manteca de puerco
Nuez moscada
Sal y pimienta molida

Moler en una licuadora el hígado y la tocineta. Agregar la manteca, sal, pimienta y nuez moscada y batir de nuevo para que quede una pasta fina. Verter en un recipiente grande y cocer al baño María durante 35-40 minutos, revolviendo de vez en cuando con una cuchara de madera. Batir todo de nuevo en la licuadora hasta conseguir una crema suave y homogénea. Repartir en tantas terrinas como se desee, según el tamaño, y dejar enfriar. Colocar bolas de pimienta y hojas de laurel en la superficie de cada terrina y cubrir con una capita de gelatina hecha con caldo. Dejar en el frigorífico hasta que esté bien solidificado.

PRESENTACIÓN:

1 Cortar un círculo de papel de la medida de una cesta con fondo redondo. Cortar hojas de papel rizado en colores verdes y marrones y pegarlos alrededor del círculo.

2 Introducirlo en la cesta y ensanchar las hojas para que queden bien abiertas.

3 Colocar el paté en el centro de la cesta y rodear con tostaditas. Envolver con papel celofán y adornar con un lazo.

ACEITE Y VINAGRE PREPARADOS

INGREDIENTES

Para el aceite:

1/2 l de aceite
Unas hojas de laurel
2 dientes de ajo

Para el vinagre:

1/2 l de vinagre de vino
Un manojito de romero
Un manojito de tomillo
Un manojito de estragón

PASO 1

ACEITE: Introducir las hojas de laurel y los dientes de ajo pelados en un frasco de vidrio. Verter el aceite en el frasco y tapar.

PASO 2

VINAGRE: Introducir las hierbas lavadas y escurridas en un frasco de vidrio. Verter el vinagre sobre ellas y taparlo con un corcho. Mantener el frasco en lugar templado durante dos semanas y revolver cada día.

PASO 3

Pasado ese tiempo colar el vinagre con una gasa y verterlo en un frasco limpio con unas ramitas de hierbas.

PRESENTACIÓN

Utilizar papeles de colores, cintas y una caja bonita o una cesta de mimbre para presentar el regalo.

CIRUELAS EN OPORTO

INGREDIENTES

Para 10 personas:

500 g de ciruelas pasas • 1 botella de vino de oporto
1 ramita de canela en rama • 4 cucharadas de azúcar
1/2 naranja • 1/2 cáscara de limón

Colocar en una cacerola al fuego el vino, la canela, el azúcar, el jugo y la cáscara de la naranja y la cáscara del limón. Mezclar, agregar 2 cucharadas de agua y cocer durante 2-3 minutos. Lavar las ciruelas, colocarlas en un cuenco, regarlas con la preparación anterior y dejarlas enfriar. Para envasar las ciruelas, retirar la canela, las cáscaras de naranja y limón y colocarlas en tarros esterilizados. Taparlos y dejar reposar como mínimo 1 semana antes de consumir. Se conservan hasta 12 meses.

PRESENTACIÓN: Elegir frascos de boca ancha, confeccionar etiquetas con el nombre y cubrir los tapones con una tela de cuadritos atada con cordel de cocina o una cinta.

LICOR DE NARANJA

INGREDIENTES

Para 12 personas:

5 naranjas • 500 g de azúcar
1 ramita de canela en rama
1/4 cucharadita de culantro en polvo
1 litro de aguardiente

Lavar las naranjas, secarlas, pelarlas y cortar la cáscara en tiritas. Exprimir las naranjas y poner el jugo en una cacerola; agregar el azúcar, la canela y el culantro. Acercar al fuego revolviendo con una cuchara de madera hasta que esté muy caliente y se haya disuelto el azúcar. Apartar del fuego, incorporar la cáscara de las naranjas y el aguardiente. Poner todo en una botella y guardar en lugar fresco 2 meses. Filtrar y repartir en botellas adecuadas.

PRESENTACIÓN: Utilizar una botella bonita y hacer una etiqueta de cartulina sujeta con cinta. Hemos pegado una avellana en el tapón, pero se puede utilizar cualquier fruta natural, de madera o plástico, para decorarlo.

LICOR DE CAFÉ

INGREDIENTES

Para 12 personas:

500 ml de agua
3 cucharadas de café soluble
4 cucharadas de azúcar
1/2 cáscara de limón
1 ramita de canela en rama
250 ml de brandy de jerez
250 ml de ron

Poner en una cacerola, preferiblemente de fondo grueso, el agua, el café soluble, el azúcar, la cáscara de limón y la canela. Mezclar con una cuchara de madera, acercar al fuego y dejar hasta que comience a hervir. Comprobar que se ha disuelto bien el café y el azúcar y apartar del fuego. Incorporar el brandy y el ron y mezclar bien. Verter en un frasco de cuello ancho y dejar en lugar fresco durante 3 semanas antes de consumirlo.

Cuando se vaya a hacer el regalo, desechar la canela y la cáscara del limón y verter en la botella elegida.

PRESENTACIÓN: Hacer etiquetas con cartulina sujetándolas con cinta y pegar granos de café en los lados.

–BOMBONES DE NUECES–

INGREDIENTES

Para 12 personas:

80 g de nueces molidas
130 g de chocolate para fundir
130 g de mantequilla • 50 g de azúcar
2 cucharadas de leche

Poner el chocolate troceado en una cacerola con la mantequilla, la leche y el azúcar. Derretir el chocolate a fuego bajo. Cocer durante 2 minutos, revolviendo. Apartar del fuego, agregar las nueces, mezclar y verter en un molde, forrado con papel de aluminio. Antes de que se enfríe del todo, cortarlo en cuadraditos y colocar un trocito de nuez en la parte superior. Dejar en el frigorífico hasta que endurezcan.

PRESENTACIÓN: Se han colocado los bombones en coladores sin asa rellenos en la parte inferior y los lados con espumillón.

Tablas

- Equivalencias de temperatura en el horno

- Tiempos de cocción según la altitud

- Las calorías de los alimentos

- Alimentos ricos en minerales y vitaminas

- Tiempos de cocción en el microondas

- Equivalencias de pesos y medidas

Introducción

Dado que es indispensable llevar una dieta sana y equilibrada, en este capítulo facilitaremos una serie de directrices establecidas para conseguir que nuestra alimentación contenga todos los nutrientes necesarios para el buen funcionamiento del organismo. A lo largo del capítulo, incluimos diversas tablas en las que se relacionan las calorías de los alimentos, y se especifican los que son ricos en hierro, calcio, vitaminas, etc.

Para que la preparación de nuestras recetas sea lo más exacta posible, ofrecemos también tablas orientativas que ayudarán a salvar los problemas ocasionados por las diferencias de altitud entre zonas, equivalencias entre grados centígrados (°C) y grados Farenheit (°F), y los tiempos recomendados para una perfecta cocción en el microondas.

EQUIVALENCIAS DE TEMPERATURA EN EL HORNO

	GRADOS CENTÍGRADOS	GRADOS FAHRENHEIT
Temperatura baja	100°	212°
Temperatura media-baja	150°	300°
Temperatura media	180°	350°
Temperatura media-alta	190°	375°
Temperatura alta	220°	425°
Temperatura muy alta	250°	475°

TIEMPOS DE COCCIÓN SEGÚN LA ALTITUD

ALTITUD	TEMPERATURA DE EBULLICIÓN DEL AGUA	CORRECCIÓN POR HORA DE COCCIÓN
0	100 °C	—
+500	99 °C	+ 1 minuto
+1 000	98 °C	+ 2 minutos
+1 500	97 °C	+ 3 minutos
+2 000	96 °C	+ 4 minutos
+2 500	95 °C	+ 5 minutos
+3 000	94 °C	+ 7 minutos

Estos valores son aproximados y pueden variar ligeramente debido al clima local de cada región.

Tablas

LAS CALORÍAS DE LOS ALIMENTOS

A continuación, expondremos los valores calóricos de diferentes alimentos que podrán ayudar a confeccionar distintos menús o a sustituir ingredientes en algunas de las recetas que, a lo largo de estas páginas, les hemos ofrecido. Las cantidades se entienden por cada 100 gramos de alimento limpio.

ALIMENTO	KCAL	ALIMENTO	KCAL
LÁCTEOS Y HUEVOS		Aceite de soja	899
Leche	67	Mantequilla	754
Crema de leche	309	Margarina	722
Yogur	61	Mayonesa	727
Camembert	378		
Queso fresco (40 % grasa)	102		
Queso emmental	382	**PESCADOS Y MARISCOS**	
Queso roquefort	353	Arenque	201
Huevo entero	159	Atún en aceite	283
Clara	48	Bacalao	73
Yema (unidad 60)	353	Lenguado	83
		Mero	101
		Pulpo	68
ACEITES Y GRASAS		Salmón	80
Aceite de cacahuate	895	Salmón (de río)	202
Aceite de maíz	899	Salmón ahumado	170
Aceite de oliva	897	Sardinas	124

ALIMENTO	KCAL	ALIMENTO	KCAL
Sardinas en aceite	302	Jamón	150
Sucedáneo de caviar	115	Salchichas de carne molida	260
Almejas	54	Salchichas tipo frankfurt	272
Camarones	87	Pato	227
Cangrejo en lata	87	Pavo	212
Langosta	81	Pollo	133
Mejillones	51	Pechuga de pollo	99
Ostiones	47	Caldo de carne en cubitos	242

CARNES Y AVES

ALIMENTO	KCAL
Conejo	152
Carne magra de lechazo	112

CEREALES Y DERIVADOS

ALIMENTO	KCAL	ALIMENTO	KCAL
Pierna de lechazo	234	Arroz cocido	106
Bistec de mamón	294	Espaguetis (crudos)	362
Carne molida de mamón	216	Harina blanca (elote)	339
Rabo de mamón	184	Copos de elote	336
Solomillo de mamón	116	Elote en grano	333
Carne magra de puerco	111	Palomitas de elote	368
Pierna de puerco	274	Harina de trigo	300
		Pan	238
		Sémola	361

Tablas

ALIMENTO	KCAL	ALIMENTO	KCAL
DULCES		Maracuyá	66
Azúcar	400	Melón	53
Chocolate	526	Naranja	44
Miel	325	Palta	223
		Papaya	13
		Patilla	35
FRUTAS		Pera	46
Aceitunas negras	351	Piña	57
Aceitunas verdes	131	Plátano	81
Arándano	87	Pomelo	43
Breva	60	Uva	73
Ciruela	59	Zarzamora	38
Damasco	47		
Durazno	39		
Frutilla	33	**FRUTOS SECOS**	
Guayaba	65	Cacahuate	571
Guinda	59	Castaña	196
Kiwi	50	Nuez	666
Limón	40		
Mandarina	45		
Mango	56	**SETAS**	
Manzana	52	Hongo	15

ALIMENTO	KCAL	ALIMENTO	KCAL
HORTALIZAS		Rabanito	13
Acelga	23	Vainas tiernas	35
Ajo	135	Zanahoria	27
Alcachofa	49		
Apionabo	22		
Berenjena	21	**LEGUMBRES**	
Betabel	41	Garbanzos (secos)	305
Calabacita	19	Frijoles (secos)	315
Cebolla	33	Lentejas (secas)	310
Chícharo	69		
Cohombro	13		
Col	22	**BEBIDAS**	
Col de Bruselas	38	Brandy o coñac	215
Coliflor	23	Cerveza	62
Elote	90	Champán	83
Endibia	11	Ginebra	117
Espárrago	6	Tequila	278
Espinaca	18	Vino blanco	79
Jitomate	17	Vino tinto	74
Lechuga	10	Whisky	238
Papa	71	Coca-cola	44
Pimiento	20	Gaseosa	49

ALIMENTOS RICOS EN MINERALES Y VITAMINAS

Aunque la alimentación depende de la edad, sexo, trabajo que realizamos y lugar donde vivimos, a continuación damos una tabla orientativa de alimentos ricos en minerales y vitaminas, que nos servirá para elaborar un menú sano y saludable.

ALIMENTOS RICOS EN VITAMINAS	MG DE CALCIO (por 100 g)	MG DE HIERRO (por 100 g)
Aceite de elote	15	1.3
Acelga	103	2.7
Alcachofa	53	1.5
Almendras	252	4.7
Altramuz	180	7.6
Arenque	34	1.1
Avellana	225	3.8
Bacalao	60	4.3
Berro	214	2.9
Breva seca	190	3.2
Carne molida de mamón	18	2.4
Chocolate con leche	245	3
Col de Bruselas	36	1.5
Conejo	14	3.5
Copos de avena	70	4
Dátiles	61	2.5
Escarola	68	1.6
Espinaca	126	4.1
Frijoles blancos	105	6.1

ALIMENTOS RICOS EN VITAMINAS	MG DE CALCIO (por 100 g)	MG DE HIERRO (por 100 g)
Garbanzos	110	6.5
Harina integral	23	3
Hígado de lechazo	4	12.4
Hígado de pollo	18	7.4
Hígado de puerco	10	22.1
Huevos	58	2.7
Jengibre	97	17
Leche de res	120	0.1
Lentejas	74	6.9
Mantequilla de cacahuate	74	1.9
Mejillones	88	5.8
Nuez	87	2.1
Ostiones	82	5.8
Perejil	245	8
Poro	120	2
Queso cheddar	810	0.6
Riñones de puerco	11	10.5
Sardinas	354	3.5
Sésamo	783	10
Soja	260	8.6
Uva pasa	31	2.7
Yemas de huevo	141	7.2
Zanahoria	37	2.1

TIEMPOS DE COCCIÓN EN EL MICROONDAS

ALIMENTO	PESO	TIEMPO	POTENCIA	OBSERVACIONES
CARNES				
Chuletas de lechazo	400 g	6 min	100 %	Utilizar la bandeja de dorar, precalentándola y dándoles la vuelta a la mitad de la cocción.
Espalda de lechazo	1 kg	10 min	100 %	Utilizar la bandeja de dorar, precalentándola y dándoles la vuelta a la mitad de la cocción.
Entrecot de res	400 g	6 min	100 %	Utilizar la bandeja de dorar, precalentándola y dándoles la vuelta a la mitad de la cocción.
Lomo de puerco	1 kg	22 min	100 %	Utilizar la bandeja de dorar, precalentándola y dándoles la vuelta a la mitad de la cocción.
Filete de mamón	400 g	5 min	100 %	Utilizar la bandeja de dorar, precalentándola y dándoles la vuelta a la mitad de la cocción.
Pollo entero	1 kg	20 min	100 %	Dar la vuelta a la mitad de la cocción.
Pollo troceado	1 kg	14 min	100 %	Dar la vuelta a la mitad de la cocción.
PASTAS				
Canelones	200 g	10 min	100 %	En abundante agua o caldo con sal. Cuando el líquido comience a hervir, añadir la pasta y tapar el recipiente.
Espaguetis	250 g	12 min	100 %	
Fideos gruesos	200 g	12 min	100 %	
Macarrones	250 g	13 min	100 %	
Raviolis	300 g	12 min	100 %	
Sémola	200 g	10 min	100 %	

ALIMENTO	PESO	TIEMPO	POTENCIA	OBSERVACIONES
PESCADOS Y MARISCOS				
Huachinango fresco en filetes	1 kg	9 min	100 %	Girar el recipiente 2 o 3 veces durante la cocción.
Pargo rojo	1 kg	10 min	100 %	Girar el recipiente 2 o 3 veces durante la cocción.
Filetes de pescado blanco	300 g	4 min	100 %	Girar el recipiente 2 o 3 veces durante la cocción.
Truchas	800 g	6 min	100 %	Girar el recipiente 2 o 3 veces durante la cocción.
Camarones	200 g	2 min	100 %	Tapar el recipiente o cubrirlo con una hoja plástica transparente.
Langostinos	500 g	4 min	100 %	Tapar el recipiente o cubrirlo con una hoja plástica transparente.
Mejillones	1 kg	7 min	100 %	Tapar el recipiente o cubrirlo con una hoja plástica transparente.
VERDURAS				
Alcachofas	250 g	8 min	100 %	Con agua, sal y jugo de limón, en recipiente tapado.
Chícharos	500 g	8 min	100 %	En recipiente tapado con medio vaso de agua con sal.
Coliflor	1 kg	20 min	100 %	Con agua, sal y jugo de limón, en recipiente tapado.
Espinacas	1 kg	12 min	100 %	Lavadas y en fuente tapada.
Papas	500 g	8 min		En fuente tapada, con un vasito de agua con sal. Dejar reposar.
Pimientos	400 g	10 min	100 %	Lavados y en fuente tapada.

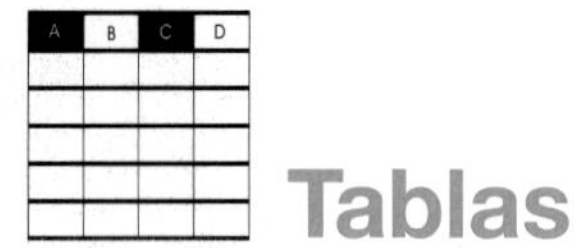

EQUIVALENCIAS DE PESOS Y MEDIDAS

PRODUCTO	MEDIDA	PESO/VOL.
Aceite	1 cucharadita	3 gramos
	1 cucharada	9 gramos
	1 taza	75 gramos
Azúcar corriente	1 pizca	1 gramo
	1 cucharadita	5 gramos
	1 cucharada	15 gramos
	1 taza	120 gramos
Azúcar glas	1 cucharadita	2 gramos
	1 cucharada	6 gramos
	1 taza	100 gramos
Harina de trigo	1 cucharadita	4 gramos
	1 cucharada	10 gramos
	1 taza	125 gramos
Líquidos	1 cucharadita	5 mililitros
	1 cucharada	15 mililitros
	1 taza	250 mililitros
Mantequilla	1 cucharadita	5 gramos
	1 cucharada	15 gramos
	1 taza	250 gramos
Mayonesa	1 cucharadita	10 gramos
	1 cucharada	30 gramos
	1 taza	240 gramos
Miel	1 cucharadita	10 gramos
	1 cucharada	30 gramos
Sal	1 cucharadita	5 gramos
	1 cucharada	15 gramos
	1 taza	250 gramos

A

Abadejo = bacalao, curadillo
Abatí = guate, maíz, mijo
Aceituna = oliva
Achiote = anato, bijol
Aguacate = palta
Ají = chile, guindilla
Ajo puerro = poro, porro, puerro
Albaricoque = chabacano, damasco, prisco
Albóndiga = albondiguilla, almóndiga
Alcachofa = alcaucil
Alcaparra = alcaparro, tápara
Alcaparro = alcaparra, tápara
Alcaucil = alcachofa
Alcohela = endibia, escarola
Almendra garrapiñada = praliné
Almóndiga = albóndiga, albondiguilla
Alubia = fabe, frijol, habichuela, judía blanca, poroto
Amareti = macarrón, mostachón
Amiésgado = fraga, fresa, fresón, frutilla, metra
Ananás = piña
Anato = achiote, bijol
Anchoa = anchoveta, boquerón
Anchoveta = anchoa, boquerón
Anguila = anguilla, angula
Anguilla = anguila, angula
Angula = anguila, anguilla
Añojo = mamón, novilla, ternera
Arveja = chícharo, guisante
Auyama = ahuyama, calabaza dulce
Azafrán = camotillo, cúrcuma
Azúcar en polvo = glasé, glas, impalpable
Azúcar glasé = en polvo, glas, impalpable
Azúcar glas = en polvo, glasé, impalpable
Azúcar impalpable = en polvo, glasé, glas
Azúcar moreno = azúcar negro
Azúcar negro = azúcar moreno
Azucarillo = bolado

B

Bacalao = abadejo, curadillo
Beicon = panceta ahumada, tocineta

Banana = banano, cambur, plátano
Banano = banana, cambur, plátano
Barbo = pargo rojo, rubio, salmonete, trilla
Batata = boniato, camote, papa dulce
Bechamel = besamel, salsa blanca
Berberecho = chipi-chipi
Besamel = bechamel, salsa blanca
Besugo = brusco, castañeta, papamosca
Betabel = betarraga, remolacha
Betarraga = betabel, remolacha
Bife = bistec, churrasco, filete
Bijol = anato, achiote
Bimbo = guajalote, pavo, pisco
Biscote = bizcocho, bizcochuelo
Bistec = bife, churrasco, filete
Biza = bonito
Bizcocho = biscote, bizcochuelo
Bizcocho de soletilla = soleta
Bizcochuelo = biscote, bizcocho
Bogavante = langosta
Bolado = azucarillo
Boniato = batata, camote, papa dulce
Bonito = biza
Boquerón = anchoa, anchoveta
Brandy = coñac
Brécol = brócoli
Brecolera = brócul, coliflor
Bretone = col de Bruselas, repollo de Bruselas
Breva = higo, tuna
Brócul = brecolera, coliflor
Brusco = besugo, castañeta, papamosca
Budín = cake, pudín
Buey = res, vaca

C

Cabezudo = capitón, galúa, lisa, mújol
Cabrito = chivito
Cacahuate = cacahuete, cacahuey, maní
Cacahuete = cacahuate, cacahuey, maní
Cacahuey = cacahuate, cacahuete, maní

Cacao = cocoa
Cake = budín, pudín
Calabacín = calabacita, hoco, zapallito
Calabacita = calabacín, hoco, zapallito
Calabaza = zapallo
Calabaza dulce = ahuyama, auyama
Calamar = chipirón, jibión, lula
Callampa = champiñón, hongo
Callos = mondongo, tripa
Cámaro = camarón, chacalín, esquila
Camarón = cámaro, chacalín, esquila
Cambur = banana, banano, plátano
Camote = batata, boniato, papa dulce
Camotillo = azafrán, cúrcuma
Canela en polvo = canela molida
Canela molida = canela en polvo
Cañón de cerdo = carré de cerdo, cinta de lomo
Capitón = cabezudo, galúa, lisa, mújol
Caqui = kaki
Caracú = tuétano
Carne de vaca salada y curada = cecina
Carne rebozada = escalope, milanesa
Carré de cerdo = cañón de cerdo, cinta de lomo
Carry = curry
Cassis = grosella
Castañeta = besugo, brusco, papamosca
Cebolla de verdeo = cebollino
Cebollín = chalota, chalote, escalonia, juca
Cebollino = cebolla de verdeo
Cecina = carne de vaca salada y curada
Cerdo = chancho, cochino, lechón, puerco
Cereza = guinda, picota
Chabacano = albaricoque, damasco, prisco
Chacalín = cámaro, camarón, esguila
Chalota = cebollín, chalote, escalonia, juca

GLOSARIO

Chalote = cebollín, chalota, escalonia, juca
Champiñón = callampa, hongo
Chancho = cerdo, cochino, lechón
Chaucha = ejote, judía verde, perona, poroto verde, vaina
Cherna = mero
Chícharo = arveja, guisante
Chicharro = jurel
Chile = ají, guindilla
Chipi-chipi = berberecho
Chipirón = calamar, jibión, lula
Chirimoya = guanábana
Chivito = cabrito
Choclo = elote, maíz tierno
Cholgua = choro, mejillón
Choro = cholgua, mejillón
Chuleta = costilla, palo
Chunio = natillas
Churrasco = bife, bistec, filete
Cilantro = coriandro, culantro
Cinta de lomo = cañón de cerdo, carré de cerdo
Ciruelas pasas = ciruelas secas
Ciruelas secas = ciruelas pasas
Clavo de especias = clavo de olor
Clavo de olor = clavo de especias
Clementina = mandarina
Coalla = codorniz, colín
Cochino = cerdo, chancho, lechón, puerco
Cocido = olla, puchero
Cocoa = cacao
Codorniz = coalla, colín
Cohombro = pepino
Cojatillo = jengibre
Col = repollo
Col de Bruselas = bretone, repollo de Bruselas
Col morada = lombarda
Coliflor = brecolera, brócul
Colín = coalla, codorniz
Colita = rabo
Color = pimentón en polvo
Confitura = dulce, mermelada
Coñac = brandy
Cordero = lechazo
Coriandro = cilantro, culantro
Corvina = huachinango, merluza, pescada
Costilla = chuleta, palo

Costrón de pan = rebanada de pan frito
Coyocho = naba, nabo
Crema de leche = nata
Crema líquida = nata líquida
Crepa = crêpe, panqueque
Crêpe = crepa, panqueque
Culantro = cilantro, coriandro
Curadillo = abadejo, bacalao
Cúrcuma = azafrán, camotillo
Curry = carry

D

Damasco = albaricoque, chabacano, prisco
Despojos = menudencias, menudillos, menuditos, menudos
Diezmillo = lomo, solomillo, solomo
Doiche = hamburguesa
Dragoncillo = estragón
Dulce = confitura, mermelada
Durazno = melocotón

E

Ejote = chaucha, judía verde, perona, poroto verde, vaina
Elote = choclo, maíz tierno
Empanada = empanadilla
Empanadilla = empanada
Endibia = alcohela, escarola
Enebro = grojo, junípero
Escalonia = cebollín, chalota, chalote, juca
Escalope = carne rebozada, milanesa
Escarola = alcohela, endibia
Esguila = cámaro, camarón, chacalín
Espaguetis = fideos, tallarines
Estragón = dragoncillo

F

Faba = haba
Fabe = alubia, frijol, habichuela, judía blanca, poroto
Fécula de maíz = harina de maíz, maicena
Feta = loncha, lonja
Fideos = espaguetis, tallarines
Filete = bife, bistec, churrasco

Finojo = hinojo
Fraga = amiésgado, fresa, fresón, frutilla, metra
Frambuesa = mora
Fresa = amiésgado, fraga, fresón, frutilla, metra
Fresón = amiésgado, fraga, fresa, frutilla, metra
Frijol = alubia, fabe, habichuela, judía blanca, poroto
Fruta abrillantada = fruta cristalizada
Fruta bomba = mamón, papaya
Fruta confitada = fruta seca
Fruta cristalizada = fruta abrillantada
Fruta seca = fruta confitada
Frutilla = amiésgado, fraga, fresa, fresón, metra

G

Galúa = cabezudo, capitón, lisa, mújol
Gamba = langostino pequeño
Garbanzo = teniente
Girasol = mirasol
Grasa de cerdo = manteca de cerdo
Grojo = enebro, junípero
Grosella = cassis
Guajalote = bimbo, pavo, pisco
Guanábana = chirimoya
Guate = abatí, maíz, mijo
Guinda = cereza, picota
Guindilla = ají, chile
Guisante = arveja, chícharo
Guiso = potaje

H

Haba = faba
Haba tierna = vaina tierna
Habichuela = alubia, fabe, frijol, judía blanca, poroto
Hamburguesa = doiche
Harina = harina de trigo
Harina de maíz = fécula de maíz, maicena
Harina de trigo = harina
Harina sin refinar = sémola
Helado = nieve, sorbete
Hierbabuena = menta fresca, yerbabuena

Higo = breva, tuna
Hinojo = finojo
Hoco = calabacín, calabacita, zapallito
Hojaldre = milhojas
Hongo = callampa, champiñón
Huachinango = corvina, merluza, pescada
Huesillo = orejón

J

Jamón cocido = jamón de york
Jamón crudo = jamón serrano
Jamón de york = jamón cocido
Jamón serrano = jamón crudo
Jengibre = cojatillo
Jibia = sepia
Jibión = calamar, chipirón, lula
Jitomate = tomate
Juca = cebollín, chalota, chalote, escalonia
Judía blanca = alubia, fabe, frijol, habichuela, poroto
Judía verde = chaucha, ejote, perona, poroto verde, vaina
Jugo = zumo
Jurel = chicharro

K

Kaki = caqui

L

Langosta = bogavante
Langostino pequeño = gamba
Lanteja = lenteja
Lechazo = cordero
Lechón = cerdo, chancho, cochino, puerco
Lenguado = suela
Lenteja = lanteja
Levadura en polvo = polvo de hornear
Lisa = cabezudo, capitón, galúa, mujol
Lobina = lubina, róbalo, sama
Lombarda = col morada
Lomo = diezmillo, solomillo, solomo
Loncha = feta, lonja
Lubina = lobina, róbalo, sama
Lula = calamar, chipirón, jibión

M

Macarrón = amareti, mostachón
Macís = nuez moscada
Maicena = fécula de maíz, harina de maíz
Maíz = abatí, guate, mijo
Maíz tierno = choclo, elote
Mamón = añojo, novilla, res, ternera
Mamón = fruta bomba, papaya
Mandarina = clementina
Mandioca = tapioca, yuca
Maní = cacahuate, cacahuete, cacahuey
Manteca = mantequilla, margarina
Manteca de cerdo = grasa de cerdo
Mantequilla = manteca, margarina
Margarina = manteca, mantequilla
Mazorca = panocha
Mejillón = cholgua, choro
Melocotón = durazno
Menta fresca = hierbabuena, yerbabuena
Menudencias = despojos, menudillos, menuditos, menudos
Menuditos = despojos, menudencias, menudillos, menudos
Menudos = despojos, menudencias, menudillos, menuditos
Merluza = corvina, huachinango, pescada
Mermelada = confitura, dulce
Mero = cherna
Metra = amiésgado, fraga, fresa, fresón, frutilla
Mijo = abatí, guate, maíz
Milanesa = carne rebozada, escalope
Milhojas = hojaldre
Mirasol = girasol
Mondongo = callos, tripa
Mora = frambuesa
Morcilla = moronga, rellena
Moronga = morcilla, rellena
Mostachón = amareti, macarrón

Mozzarella = musarela
Mújol = cabezudo, capitón, galúa, lisa
Musarela = mozzarella

N

Naba = coyocho, nabo
Nabo = coyocho, naba
Nata = crema de leche
Nata líquida = crema líquida
Natillas = chunio
Nieve = helado, sorbete
Níscalo = rovellón, seta
Novilla = añojo, mamón, res, ternera
Nuez moscada = macís

Ñ

Ñora = pimiento seco

O

Oliva = aceituna
Olla = cocido, puchero
Omelette = tortilla francesa
Orejón = huesillo
Ostiones = ostras
Ostras = ostiones

P

Paleta = paletilla
Paletilla = paleta
Palito de canela = rajita de canela
Palo = chuleta, costilla
Palta = aguacate
Pamplemusa = pomelo, toronja
Pan integral = pan negro
Pan negro = pan integral
Panceta = tocino
Panceta ahumada = beicon, tocineta
Panocha = mazorca
Panqueque = crepa, crêpe
Papa = patata
Papa dulce = batata, boniato, camote
Papamosca = besugo, brusco, castañeta
Papaya = fruta bomba, mamón
Páprika = pimentón picante

Pargo rojo = barbo, rubio, salmonete, trilla
Pasas = uvas pasas
Patata = papa
Patilla = sandía
Pavo = bimbo, guajalote, pisco
Pejesapo = rape
Pepino = cohombro
Perona = chaucha, ejote, judía verde, poroto verde, vaina
Pescada = corvina, huachinango, merluza
Pez espada = pez sierra
Pez sierra = pez espada
Picota = cereza, guinda
Pie = tartaleta
Pimentón = color, pimentón en polvo
Pimentón = pimiento
Pimentón en polvo = color, pimentón
Pimentón picante = páprika
Pimiento = pimentón
Pimiento seco = ñora
Piña = ananás
Pisco = bimbo, guajalote, pavo
Plátano = banana, banano, cambur
Polvo de hornear = levadura en polvo
Pomelo = pamplemusa, toronja
Poro = ajo puerro, porro, puerro
Poroto = alubia, fabe, frijol, habichuela, judía blanca
Poroto verde = chaucha, ejote, judía verde, perona, vaina
Porro = ajo puerro, poro, puerro
Potaje = guiso
Praliné = almendra garrapiñada
Prisco = albaricoque, chabacano, damasco
Puchero = cocido, olla
Pudín = budín, cake
Puerco = cerdo, chancho, cochino, lechón
Puerro = ajo puerro, poro, porro
Pulpo = raña

Q

Quesillo = requesón, ricota
Queso de rallar = queso parmesano

Queso parmesano = queso de rallar

R

Rabanito = rábano
Rábano = rabanito
Rabo = colita
Rajita de canela = palito de canela
Raña = pulpo
Rape = pejesapo
Ravioles = raviolis
Raviolis = ravioles
Rebanada de pan frito = costrón de pan
Rellena = morcilla, moronga
Remolacha = betabel, beterraga
Repollo de Bruselas = bretone, col de Bruselas
Repollo = col
Requesón = quesillo, ricota
Res = añojo, buey, mamón, novilla, ternera, vaca
Ricota = quesillo, requesón
Róbalo = lobina, lubina, sama
Rodaballo = turbot
Rovellón = níscalo, seta
Rubio = barbo, pargo rojo, salmonete, trilla

S

Salame = salami, salchichón
Salami = salame, salchichón
Salchicha = salchicha fresca
Salchicha de frankfurt = salchicha de viena
Salchicha de viena = salchicha de frankfurt
Salchicha fresca = salchicha
Salchichón = salame, salami
Salmonete = barbo, pargo rojo, rubio, trilla
Salsa blanca = bechamel, besamel
Sama = lobina, lubina, róbalo
Sandía = patilla
Sémola = harina sin refinar
Sepia = jibia
Seta = níscalo, rovellón
Soja = soya
Soleta = bizcocho de soletilla
Solomillo = diezmillo, lomo, solomo

Solomo = diezmillo, lomo, solomillo
Sorbete = helado, nieve
Soya = soja
Suela = lenguado

T

Tallarines = espaguetis, fideos
Tápara = alcaparra, alcaparro
Tapioca = mandioca, yuca
Tarta = torta
Tartaleta = pie
Teniente = garbanzo
Ternera = añojo, mamón, novilla, res
Tocineta = beicon, panceta ahumada
Tocino = panceta
Tomate = jitomate
Toronja = pamplemusa, pomelo
Torta = tarta
Tortilla francesa = omelette
Trilla = barbo, pargo rojo, rubio, salmonete
Tripa = callos, mondongo
Tuétano = caracú
Tuna = breva, higo
Turbot = rodaballo

U 

Uvas pasas = pasas

V 

Vaca = buey, res
Vaina = chaucha, ejote, judía verde, perona, poroto verde
Vaina tierna = haba tierna

Y 

Yerbabuena = hierbabuena, menta fresca
Yuca = mandioca, tapioca

Z

Zapallito = calabacín, calabacita, hoco
Zapallo = calabaza
Zumo = jugo

ÍNDICE

ÍNDICE